翻轉旅程——
不一樣的世界遺產之旅

馬繼康 著

作者序

翻轉思維，看見世界遺產的美麗與哀愁

總有人喜歡問我：「去過幾個世界遺產？」

説實在話，我並沒有很仔細算過，世界遺產並不是數學問題。有些地方，去的時候不是世界遺產，回來之後隔沒多久，在每年召開的世界遺產大會公布新入選名單時，就看到它列名其上。我知道這當然不是因為本人的造訪，使它臨門一腳飛上枝頭變鳳凰，但好歹也算是我有識「遺」之明，搶先一步抵達，因為人怕出名豬怕肥，遺產也怕盛名累。出名之後，世界遺產就變了，因為被列為世界遺產後知名度竄高，導致過多觀光客湧入，世界遺產瞬間變成了世界遺「慘」，就算慕名前往，卻真有讓人不去遺憾終身，去了終身遺憾之感，大嘆相見不如懷念，那美好時光不再。

了解世界遺產的人都知道，到二〇一五年六月為止，全世界世界遺產數量已達一千零三十一處，而且每年都以二十處以上的速度不斷增加中。我認為，世界遺產的造訪不是集點遊戲，因為世界如此之大，生命如此有限，自忖在有生之年不見得能夠悉數造訪，如同夸父追日；就算同一個國家有許多世界遺產，但個別之間的地理及歷史跨度極大，很多人玩回來後，雖然蒐集數量激增，但往往所有歷史地理攪成一團漿糊，張飛打岳飛，打得滿天飛，在沒有建立背景知識的狀況下，結局通常是「觀賞之後忘光光」的觀光。

以往的旅行是見山不識山，只求量多，不求甚解；現在的旅行希望見山識山，入寶山不空手而回。總聽聞多數人十之八九念茲在茲要深度旅遊，不過既缺掌握脈絡的理性，又缺專心體驗的感性，理性與感性皆不具備的情況下，多半僅存隨性與忘性，實在相當可惜。

因此世界遺產旅行不在於量，而是身處歷史與自然現場，體會那種今人不見古時月，但今月曾經照古人的那份臨場感。尚有今人喜歡以當代思維來審度古人所作決定，這是有失公允的，畢竟人類文明發展絕非一步到位，而都是積累在當初這些如今看來匪夷所思，甚至難以想像的決定中，才有今日我們熟知種種的理所當然，這就是世界遺產的價值所在。世界遺產只是提供一個觀看寶山的可能角度，不是絕對切入點。

每一個世界遺產對我來說都是抱持著不同的心情去看的，人有七情六欲，世界遺產雖然不是人，但卻是人七情六欲的展演舞台。建築再雄偉，少了人的故事與活動，只是蚊子館；建築再簡陋，卻因有歷史的恢弘而流芳百世。這本書無非希望讓大家讀出世界遺產的前世與今生，美麗與哀愁。教育要翻轉，旅行的思維也要翻轉，才能通情達理，才能深刻雋永，與您分享這翻轉後的旅行記事。

馬繼康

CONTENTS

逝去的王朝

埃及・孟斐斯金字塔
伊朗・波斯波利斯
義大利・羅馬歷史中心
印度・蒙兀兒建築

This area is under The
Protection of an electronic
Security system Please
Keep your distance

01 埃及

孟斐斯金字塔

・項目名稱／孟斐斯及其墓地金字塔群（Memphis and its Necropolis - the Pyramid Fields from Giza to Dahshur）
・登錄年代／一九七九年
・遺產種類／文化遺產

當地基本資料

國名	阿拉伯埃及共和國（Arab Republic of Egypt）
人口	約七千六百萬人
語言	官方語言為阿拉伯語，觀光地區英語及法語皆可通
氣候	埃及北部屬地中海型氣候，冬冷夏熱；南部屬沙漠氣候，乾燥、日照強，日夜溫差大。冬季（十一月到二月）氣候宜人，是旅遊的旺季。到埃及旅遊宜穿著涼爽舒適的衣著，帽子和太陽眼鏡是不可缺少的裝備
簽證	可辦落地簽，效期三十天。憑六個月以上效期之護照、來回機票證明及25美元，於抵達開羅國際機場通關前申辦
匯率	1埃及鎊約合 4 新台幣（1美元約合8埃及鎊）※因匯率時有波動，本書幣值僅供參考，讀者仍應以當時的即期匯率為準
時差	冬令時間台灣時間減六小時；夏令時間台灣時間減五小時
交通	台灣無直飛班機，前往埃及首都開羅可搭土耳其航空、阿聯酋航空、新加坡航空，轉機地點為伊斯坦堡、杜拜及新加坡

人類文明的發展就像一條長長的隧道，在歷經以漁獵維生、茹毛飲血的黑暗時代，智慧不斷被累積，到後來光明初露，開始在中國、兩河流域、印度與埃及四大文明古國的地區開出不同的花朵。而埃及位於歐、亞、非三洲交界的獨特地理位置，更是不同文化碰撞與溝通的焦點。歷經亞述人、波斯人、希臘人、羅馬人的征服時期，埃及文化仍舊以開放的心態與外來文化相互影響，保留了自身的主體特徵，成為傲視全世界的文明發祥地。如今，每年都有數以百萬的遊客不遠千里而來，想要親身體驗那高聳金字塔、莊嚴神廟建築、引人入勝的壁畫所帶來的心靈震撼。

埃及最大金字塔群：由左至右分別是古夫、卡夫拉、孟卡拉金字塔。

舉世矚目的埃及學

事實上，世界遺產最早的發源，正肇始於拯救埃及阿布辛貝神廟行動。阿布辛貝神廟是新王朝時期拉美西斯二世所建，由於二次大戰後，發展中國家積極發展經濟，使得許多古物被犧牲，屢遭破壞。當時埃及政府執意興建亞斯文高壩，周邊的神廟原本會被高漲的河水淹沒，幸好在聯合國教科文組織與許多古文物專家奔走搶救下，將整個由山壁鑿成的神廟陸續切割並上移，才免於永沉水底的命運。因此之後眾人提議成立世界遺產協會，來專責保護這些屬於全人類文明的珍貴資產。

早在西元前三一〇〇年，古埃及就開啟了它的王朝時代，大致可分為古王朝時期、中王朝時期及新王朝時期，共三十一個王朝。一提到埃及就會聯想到的金字塔，其實是古王朝時期的代表性建築，古王朝時期的首都在今日開羅附近的孟斐斯，而以中心散布的這些古代「摩天大樓」，說穿了就是法老王的墳墓，在金字塔還沒發明前的法老王墳墓，僅是簡單的以黏土、泥漿

上圖：阿布辛貝神廟。
下圖：卡夫拉金字塔前的駱駝。

和麥草桿製模做出的磚砌成長條形的馬斯塔巴（Mastabas，意思為長板凳），直到第三王朝的左賽爾法老王找來建築師印和闐，在薩卡拉地區設計出最早的金字塔：階梯金字塔，開啟了古埃及葬墓形式的新篇章。

據說左賽爾曾經在作夢的時候，夢見自己在向天上延伸的天梯上行走，因此印和闐以此為設計靈感，用泥磚堆砌成六層的階梯金字塔通往天上，陵墓內部還需要創造足夠的空間，才足以收藏各式各樣的物品，讓法老王帶往另一個世界；金字塔形式也表示對太陽神的崇拜，金字塔的形狀象徵的就是灑下大地的太陽光芒。不過這位死後被古埃及人當做神膜拜的印和闐，大概做夢也想不到，在好萊塢拍攝的《神鬼傳奇》電影中，自己竟然變成處心積慮想篡位的大反派，這種不管真實的娛樂手法，也使很多人對於埃及總是存在許多錯誤印象。

右圖：卡夫拉金字塔上層鋪面尚未風化，也使後人了解金字塔的原貌。
左圖：知名的埃及考古學家哈瓦斯博士，正接受媒體的採訪。

深度視角

失落的彼岸

古代埃及是多神信仰，但最重要的神祇是太陽神。太陽每日從東方升起，西方落下，因此他們相信活人住在東邊，逝去的亡靈埋葬在西邊，而古埃及人會保存屍體做成木乃伊，目的是為了復活。他們認為人生只不過是一個短暫的居留，而死後才是永久的享受。因而，埃及人把冥世看做是塵世生活的延續，死前的準備乃是希望死後獲得永生。因此所有的金字塔都是在尼羅河西岸的位置，與他們的生死觀不謀而合。

在汙染嚴重的開羅市區看金字塔，猶如海上的島嶼。

金字塔全盛時期是在第四王朝，第四王朝的創建者法老斯涅弗魯（Snefru）首先興建了彎曲金字塔，與階梯金字塔不同的是，這是採用大塊石頭堆砌而成的，也許因為經驗不足，設計角度過大，導致石材無法負荷自身的重量，所以只好在半途將角度改變，從五十四度角變成上半部的四十三度角。之後建了另一座紅色金字塔，底部為邊長約二百二十公尺的正方形，高約一百零四公尺，因主建材採用紅色石灰而得名，原本包覆在表面的裝飾性白色石灰石已因年代久遠而風化，所剩無幾。

金字塔在第四王朝以後，規模和品質都無法超越。到了第六王朝，隨著古王國的分裂、法老權力下降，以及盜墓者的猖獗，常使得目標明顯的金字塔遭到洗劫，所以法老們也就不再建造金字塔，而是在山谷裡開鑿祕密陵墓了。

金字塔趣聞

金字塔的名稱，其實是希臘人所取。英文為「Pyramid」，源於古希臘的「Pyramis」，是古希臘人喜愛食用的一種尖頂糕餅（還好不是被台灣人先看到，不然可能會被叫做「御飯糰」）。之所以叫做金字塔，乃是由於清末康有為在一九〇四年遊歷埃及後，覺得造型頗像中文的「金」字，於是在《海程道經記》中率先提出的譯名。

亙古的奇景，悠遠的想望

目前古埃及留存下來的金字塔大約一百一十二座，眾多金字塔中，最大也最為世人所熟知的便是開羅郊區的吉薩金字塔群，也是名列古代世界七大奇景之首。三座金字塔由大至小分別為古夫金字塔、卡夫拉金字塔及孟卡拉金字塔，分別是父親、兒子、孫子的墳墓。古夫金字塔是最高的一座，原高一四六點五公尺，因年久風化，頂端剝落十公尺，現高一三六點五公尺，底座每邊長二百三十多公尺，總計由兩百六十萬塊巨石砌成，每塊石頭平均重二點五噸，總重七百萬噸，以十萬人用了二十年的時間建成；卡夫拉金字塔前建有廟宇等附屬建築和著名的獅身人面像。用三座金字塔石塊，可在法國國境四周建造一道高三公尺，厚三十公分的圍牆。

光看這些數字，就不得不令人讚嘆，難怪埃及人有句俗諺說：「人的殺手是時間，時間的

著名的人面獅身像，與卡夫拉金字塔乃是一墓葬群。

左圖：最早的金字塔：階梯金字塔。
右圖：傾頹的塔體是古埃及人智慧結晶。

殺手是金字塔。」科學家推測，以目前風化的速度，古夫金字塔再過六萬年才會消失在地表上。六萬年？人類到時還存不存在都是未知數，唯一可知的是金字塔的亙久長存。

「金字塔到底是不是外星人建造的？」這大概是喜歡古文明的朋友最喜歡問我的一句話。其實我倒覺得不用太去管外星人的事，欣賞古蹟絕對不能從現代的觀點角度去看，因為這樣你怎麼看，都無法理解那時人們的想法。要知道古代埃及的法老自稱是太陽神之子，來到人間統治，死後又是回歸神的身分，法老在那個民智未開、科學不昌明的年代就是老百姓的天，當然如果在現今的民權時代講這些，絕對被人家笑掉大牙，甚至被抨擊食古不化，但我們眼中看來動用民脂民膏、勞民傷財的作為，搞不好古埃及人還以參與修築法老墳墓為榮。這個角度不只用在古埃及適用，或許也可說明各個古文明為何都不約而同留下燦爛不朽的大型遺跡或陵墓。

所以，我們與其花了許多時間討論到底是不是外星人搞的鬼，質疑古埃及人到底是如何將重重的石塊在不用黏著劑的情況下，堆疊出令人如此讚嘆，而且連一張紙都塞不進縫隙的完美幾何三角錐體，不如再從另一角度來看金字塔：法老在世時就會為未來的死亡興建陵寢，但並非所有法老王都能為自己興建金字塔，能夠興建代表當時經濟實力有一定水準，而且如此繁複的工程，並不只有錢的問題，要管理這麼多的工人，提供食宿、發放薪水、分層管理，這都必須具備強而有力的中央集權管理制度才能達成，這才是我們該關心的軟實力；而大型工程的興建，也符合現代經濟學中，藉由公共工程的開展來活化國家民生經濟的理論。金字塔就算在今日同樣也算是大型工程，在巴黎艾菲爾鐵塔建成之前，古夫金字塔始終是地球上最高的建築物。

金字塔旁的遊客始終絡繹不絕，當初興建這些雄偉建築的法老們若是地下有知，不知道到底對於當時的決定是慶幸還是後悔？這麼明顯的建築物，裡面所有東西早已被盜竊一空，但仍舊無法抵擋遊客蜷曲著身軀，冒汗忍受已積累千年的難聞氣味，一探黝黑墓室的念頭。也許這也是人們對於死後未知世界的一種好奇心理投射，以及悠久古埃及文明的一種想望。

茶館前抽著水煙的埃及人。

[注意事項]

· 博物館、旅遊室內景點，都有限制閃光燈照像。而部分的室內景點拍照、攝影必須付費。

· 埃及為信奉伊斯蘭教的國家，所以衣著請盡量保守。

· 氣候乾燥，所以請務必要攜帶乳液、護唇膏、肌膚保養品及保濕用品。

· 不願意的話，請斷然拒絕陌生人主動的幫助，因為埃及人非常熱衷於賺小費。

· 買東西前，請先問清楚價錢單位是埃鎊或是美金。

· 埃及男性對女性觀光客通常是「相當」熱情，如果女性觀光客遇到太熱情的埃及男性，以堅決的態度拒絕通常能迴避掉大多數無謂的困擾。可穿著較寬鬆、顏色以黑色或是暗色為主的服飾，因為埃及已婚女性通常穿著寬鬆的黑色或暗色服裝，或者入境隨俗使用頭巾。

[周邊景點]

◎開羅（Cairo）

開羅橫跨尼羅河，是整個中東地區的政治、經濟和商業中心。市區有大市集、薩拉丁城堡、阿里清真寺、愛資哈爾清真寺，開羅博物館更是了解古埃及歷史不可不去的地方。

◎亞歷山卓（Alexandria）

埃及第二大城市，也是濱臨地中海岸的港口，離開羅西北二百零八公里。亞歷山卓是亞歷山大大帝命名的，它是托勒密王朝的首都，很快就成為古希臘文化中最大的城市。

02

伊朗

波斯波利斯

・項目名稱／波斯波利斯（Persepolis）

・登錄年代／一九七九年

・遺產種類／文化遺產

當地基本資料

國名	伊朗伊斯蘭共和國（Islamic Republic of Iran）
人口	約七千八百萬人
語言	波斯語，英語普及率約一成
氣候	伊朗氣候受地形影響較大，整體而言，四季分明，屬大陸型乾燥氣候，春秋兩季相對溫和，適合旅行
簽證	至當地辦落地簽，單人費用100歐元，效期三十天，不必事先申請核准文號。
匯率	1新台幣約合918瑞爾（Rial）
時差	比台灣晚四小時三十分
交通	由曼谷搭乘伊朗滿漢航空是抵達伊朗最方便的方式，訂位可洽萬鈞旅行社，地址：台北市松江路220號7樓-7；電話02-25719955 伊朗境內有鐵路、巴士，但長途旅行以巴士最佳，有兩種選擇，一是有冷氣豪華的VOLVO，另一為無冷氣陽春的BENZ；另外要遊覽城市附近景點，可考慮包計程車，伊朗油價便宜，所以就算包計程車也不貴

要怎麼判斷已經踏上伊朗的國土呢？其實從女性被要求戴上頭巾那一剎那開始，就算是踏上了伊朗國境，連觀光客也不例外。許多女生一聽到要包頭巾就打消造訪的念頭，想反問大家的是：通常旅行希望看到各地傳統文化，如果有一天去伊朗不用包頭巾，那麼伊朗可能也不是你想看的伊朗了！正因為這個從一開始就不太一樣的國家，當然更增添人們想掀開神祕面紗、一探究竟的念頭，不是嗎？

豐盛的伊朗午餐。

被好萊塢醜化的「邪惡軸心」

屈指一算，我已去過三十五個國家，一百多個世界遺產，在許多場合分享或是演講的時候，大多數人都會十分好奇的問我：去過的國家最喜歡哪一個？其實世界如此之大，每一個自己決定造訪的國家都喜歡，因為時間與費用皆有限，應該不會浪費在不喜歡的國家。但這樣的答案總是無法讓人滿意，許多人總是要問個水落石出，一定要你挑出最愛，不允許你腳踏多條船。

好吧！如果真要選擇一個，那麼我的答案是：伊朗。一聽到這個答案，幾乎所有人都會瞠目結舌的問我，伊朗？不是烽火連天？不是全都是恐怖分子？怎麼會想到去那裡呢？

許多人對於伊朗的印象，都是來自於西方媒體的報導或是好萊塢電影中的醜化，邪惡軸心國一定列名其上，伊朗雖地處中東，但自一九八八年兩伊戰爭結束後，就沒有戰火，我們卻以為他們挨槍子比吃米飯還多。在描述波斯與希臘的溫泉關之役的電影《三百壯士》中，波斯人被型塑成面目猙獰，連薛西斯大帝都是滿身穿孔環的怪人；而率領希臘聯軍的斯巴達國王列奧尼達則是八塊肌的帥哥，在觀影的過程中，幾乎所有觀眾都是一面倒的同情帥哥，感嘆英雄早逝，咒罵波斯的殘暴。但是戰爭本來就是無情的，一個銅板絕對不會響，西方角度拍攝的電影當然史觀十分偏頗，但又似乎左右了大家的印象。

雖然伊朗長期遭受到西方國家經濟制裁，但因為其地大物博，資源豐富，足以自給自足，再加上豐富的石油與天然氣產量，儘管是以美國為首的西方國家的頭痛人物，卻也常常拿它莫可奈何。不過這都是國際政治上的明爭暗鬥，真正的伊朗人是熱情、好客、充滿好奇心，跟媒體刻板印象下的形象大相逕庭。

伊朗人熱情好客，茶是日常生活不可或缺、也是招待賓客必備之物。

／伊朗≠阿拉伯／

伊朗歷史悠久，更迭的朝代不知凡幾。盛極一時的波斯帝國，曾與希臘發生三次大戰，今日台灣正夯的馬拉松運動，源頭正是波希戰爭；漢代張騫出使西域鑿空絲路，當時的安息帝國，培育出許多商人，這兒是絲路必經樞紐，駱駝商隊東移西走，造就了東西文化的交流與物品貿易。到了最國際化的唐朝，商旅絡繹不絕於途，故宮的唐三彩中，有許多彩俑便是以波斯商人為藍圖呈現；曾經打敗羅馬帝國的薩珊王朝，是波斯在伊斯蘭化之前最後一個波斯大帝國，見證了古波斯文化發展至巔峰狀態，並影響了羅馬文化，對歐洲及亞洲中世紀藝術的成形有顯著作用。

伊斯蘭化後的伊朗，雖然政治掌握在阿拉伯人統治之下，但千百年孕育的文化底蘊，繼續成為阿拉伯乃至伊斯蘭世界的養分。阿拉伯帝國的許多文臣都是波斯人，而如今所看到的伊斯蘭藝術，也是經由阿拉伯人向波斯文化吸收、咀嚼及融合之後的成果。許多伊朗人都以自己的文化傳統為傲，我在還沒搞清楚之前，甚至以為伊朗人就是阿拉伯人，但伊朗朋友正色跟我說：「波斯人和阿拉伯人是不一樣的，我們比阿拉伯人有文化氣息多了。」不只在文化上跟阿拉伯人作出區隔，在伊朗地圖上，與阿拉伯半島間所隔的海域是「波斯灣」，而在我去過的阿拉伯國家地圖上，卻是標記著「阿拉伯灣」；為了避免爭議，現在統稱叫做「海灣」。

十六世紀再度崛起的波斯人，建立了以什葉派為國教的薩法威王朝，首都伊斯法罕更有「伊斯法罕半天下」的美名，開創了波斯人光榮歷史的另一篇章。而與美國關係情同兄弟的巴勒維王朝，在一九七九年以何梅尼為首的伊斯蘭革命中垮台，與西方關係形同水火，但近來與西方六國的核協議，似乎又為這個中東大國點亮一盞經濟明燈。

上圖：在伊朗，女性必須完整將頭髮包覆，但因愛美的天性，還是有女性願意遊走禁忌邊緣。
下左：波斯波利斯的牛形柱頭。
下右：萬國門前的人首飛牛雕像。

萬國來朝之都

西元前七世紀，阿契美尼斯創建了波斯人的第一個王朝—阿契美尼德王朝，但當時波斯地區仍在米底王國的統治下。直到西元前五五〇年，居魯士大帝推翻米底王國，創建歷史上第一個橫跨歐亞非三洲的大帝國。早期定都帕薩加達，後來又因疆域遼闊的實際需要，設了三個都城。夏都波斯波利斯（Persepolis），由大流士始建於西元前五二〇年，前後歷經三任國王，花了七十年才告竣工。主要供作度假及在波斯人的每年春分新年諾魯茲（Nurouz）時接見各邦來朝使臣。

「波斯波利斯」這是希臘人對此城的稱呼，意思就是「波斯人的城市」。整座宮廷建築是建在約十三公尺高的平台上，必須登上一百一十一級的階梯才到入口，階梯採特殊的盤旋升降，寬度有三十七公分，在第六十九階

左圖：已成廢墟的百柱廳。
右圖：各國使臣來朝的浮雕。

的地方上有一平台的，據說是舞蹈場，因此上下階梯很輕鬆。登上階梯後，入口正門便是著名刻有「所有的國家之門」銘文的萬國門，有四座巨大的人首飛牛雕像，如今雖已頹傾，可是不難想像當時萬國來朝的氣勢與盛況。

見證過往輝煌的浮雕

走進萬國門，裡面包括了接見大廳、寢宮塔恰拉宮、百柱大殿等建築。波斯波利斯留給後人最為讚嘆的除了建築尚有浮雕。接見大基台旁的浮雕刻著包括埃及人牽著牛、衣索比亞人牽著長頸鹿，手上拿著象牙、亞美尼亞人牽著馬，手上拿著雙耳長頸瓶等二十三個民族的使節，分上、中、下三排，由波斯軍官引路覲見的畫面，彰顯了當時波斯帝國的遼闊版圖。也由於這裡對古代波斯人的形象描刻，讓我知道電影中的波斯人跟真實的波斯人完全天差地遠。

但這樣一座恢弘的建築，卻毀在西元前三三一年亞歷山大大帝東征時，根據記載，當亞歷山大大帝占領了波斯波利斯後，曾讓他的部隊在此休息四個月之久。重新踏上東征之路前，在此舉行酒宴，有位雅典的才女泰斯，因痛恨波斯人曾放火燒了雅典，因此在酒酣耳熱之際慫恿亞歷山大以其人之道還治其人之身。在喝醉的情況下，一把火燒了這座城市，考古學家調查波斯波利斯的遺跡，發現基石、門框等處都有火燒的痕跡，確實經歷過一場火災。

雖然波斯波利斯已成廢墟，卻是千年之前波斯帝國強大和智慧的結晶，也成為現今伊朗的民族象徵。一九七一年伊朗國王巴勒維為慶祝波斯帝國建國兩千五百週年，便選擇在此舉行了盛大的慶祝儀式。

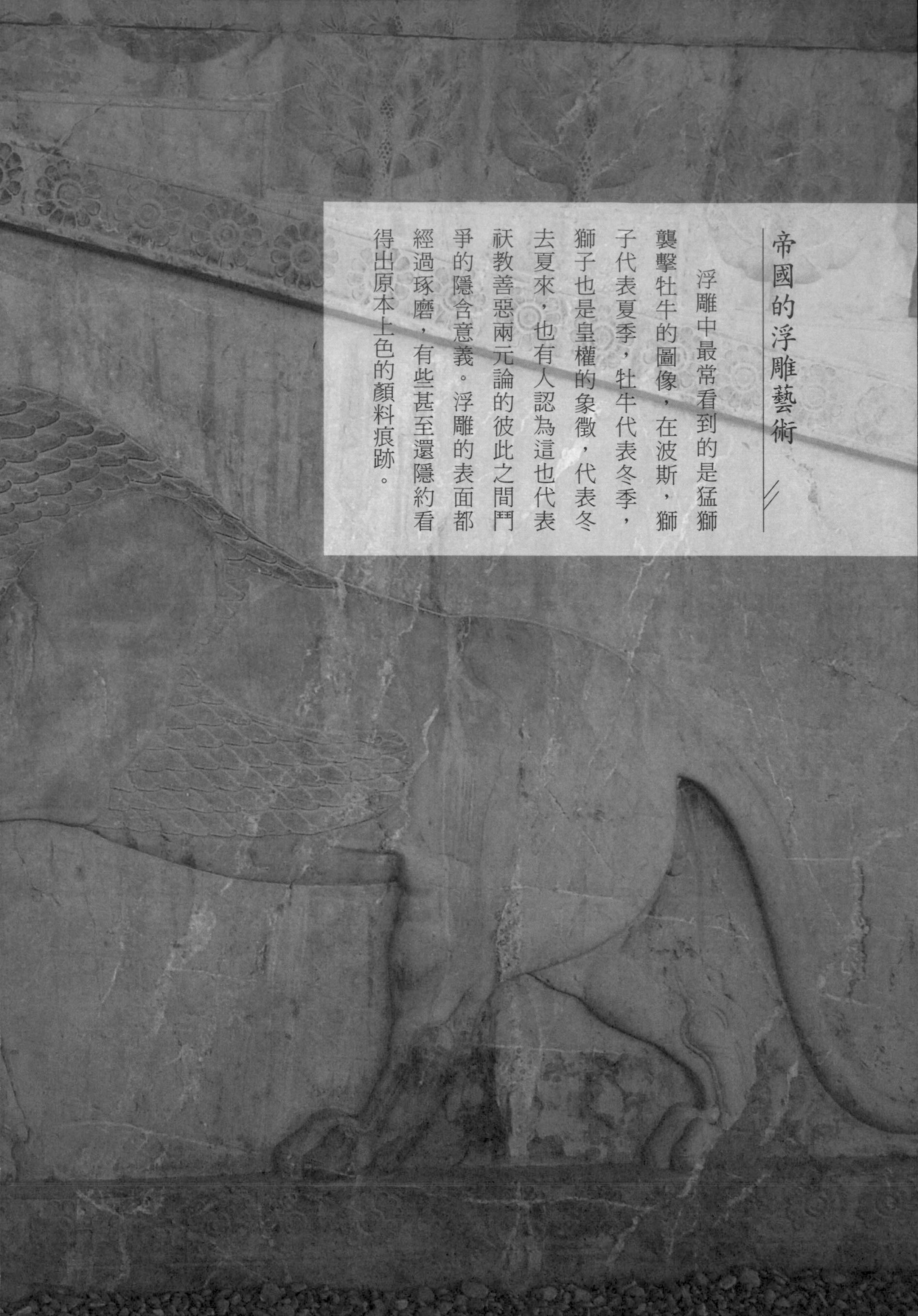

帝國的浮雕藝術

浮雕中最常看到的是猛獅襲擊牡牛的圖像，在波斯，獅子代表夏季，牡牛代表冬季，獅子也是皇權的象徵，代表冬去夏來，也有人認為這也代表祆教善惡兩元論的彼此之間鬥爭的隱含意義。浮雕的表面都經過琢磨，有些甚至還隱約看得出原本上色的顏料痕跡。

波斯帝陵刻在山崖上，氣勢恢弘。

阿胡拉・馬茲達的恩賜

波斯帝國領土遼闊，民族複雜，帝國以相當嚴密的中央集權政治機構和強大軍事力量維持帝國統一。為了軍事和行政的需要，修築驛道讓訊息可以快速傳遞，也可將帝國緊密連接起來，並創造了商業發展條件。大流士不僅興建了波斯波利斯宮殿，也實行稅制改革及統一度量衡和幣制，更促進了帝國的經濟發展。在基台上留有大流士國王所留的紀念碑文：「我在此宣告，這座基台上建造一所宮殿，這是接受阿胡拉・馬茲達的恩寵而建立。阿胡拉・馬茲達以及其他眾神，共同決定要在這蓋宮殿，所以我便蓋了這座宮殿。而且正如我的計畫，把它建的完美而華麗。」說明這座宮殿是受阿胡拉・馬茲達的恩寵而建立的，而這位阿胡拉・馬茲達就是當時波斯國教祆教（又稱拜火教）的最高神祇，也再一次顯示古代文明與宗教脫離不了的緊密關係。

［注意事項］

· 入境不可以攜帶豬肉食品、酒類、清涼女圖、色情的照片、光碟、雜誌，也不准攜帶豬的圖樣等物品。
  從抵達伊朗到離開的期間，女生記得要包頭巾遮住頭髮。男、女均不可以穿七分褲、短褲、無袖的衣服。
· 不要任意對著婦女拍照，如果要對她們拍照時，要取得同意，尤其不可以搭肩勾背，切記要端正。

［周邊景點］

◎設拉子（Shiraz）

伊朗第六大城，設拉子孕育過多位詩人、文學家和畫家。相傳元代蒙古大軍橫掃波斯時，設拉子的商賈為保備這座美麗的古都，奉上了財產，才留住城內的文明遺蹟。主要景點有詩人薩迪及哈菲茲陵園，莫克清真寺、卡里姆汗古城堡等。

◎帕薩加達（Pasargadae）

位於波斯波利斯東北方八十七公里，是波斯帝國第一個首都。帕薩爾加德的遺跡範圍為一點六平方公里，包括是居魯士大帝的陵墓、山丘堡壘與兩座皇宮與花園的遺址。

◎波斯帝陵和薩珊浮雕（Naqsh-e Rostam）

位於波斯波利斯不遠處的一座山崖，有四個在岩壁上鑿出來的十字形帝陵，從右到左分屬薛西斯一世、大流士一世、阿塔薛西斯一世和大流士二世。每個陵寢上方都雕有波斯智慧之神阿胡拉．馬茲達像，代表著君權神授。陵墓正前方有一座立方體石質建築 Ka'ba-ye Zartosht，被認為是一座瑣羅亞斯德教火廟。陵墓下方岩壁上有七幅薩珊時期的浮雕。

03

義大利

羅馬歷史中心

・項目名稱／羅馬歷史中心，享受治外法權的羅馬教廷建築和繆拉的聖保羅弗利（Historic Centre of Rome, the Prcperties of the Holy See in that City Enjoying Extraterritorial Rights and San Paolo Fuori le Mura）

・登錄年代／一九八〇年

・遺產種類／文化遺產

當地基本資料

國名	義大利共和國（Italian Republic）
人口	約六千萬人
語言	義大利語
氣候	羅馬是典型的地中海氣候，四到六月氣候怡人；七到八月是最熱和最乾燥的季節，九到十月是羅馬最為晴朗的季節
簽證	免簽。但須預先備妥並隨身攜帶旅館訂房確認紀錄與付款證明、親友邀請函、旅遊行程表及回程機票、財力證明等資料。詳請可洽義大利經濟貿易文化推廣辦事處，網址：http://www.italy.org.tw
匯率	歐元（Euro），1歐元約合33新台幣
時差	比台灣慢七小時，三月底至十月底因為實施日光節約時間，所以只比台灣慢六小時
交通	可搭乘航班至義大利首都羅馬

相信大家都聽過一句話：「羅馬不是一天造成的。」傳說中羅馬城是由一對孿生兄弟羅慕斯（Romulus）和雷姆斯（Remus）於西元前七五三年所建，原本兩人是棄嬰，被牧羊人救起並由母狼餵奶長大。在共和時期，羅馬經過三次與北非迦太基帝國的布匿（Punic）戰爭後，勢力與疆域大增，涵蓋了北非、西亞、歐洲等地，西元前二十七年，屋大維與埃及最後法老——埃及豔后結盟的安東尼的爭奪戰中取得勝利，就任羅馬第一任皇帝，封為奧古斯都（Augustus），從此進入帝國時期。後來因為權力鬥爭與宗教詮釋的相異，西元三九五年分為東、西兩帝國。帝國雖然消失在歷史舞台上，但文化上的影響力卻對歐洲乃至於世界都產生了深遠的銘記。

／條條大路通羅馬／

建立起橫跨歐、亞、非三洲的大帝國容易，但要有效的管理卻非易事，因為羅馬帝國境內不同宗教、人種、語言、生活習慣，除了建立行省管理，之間的聯繫交通更為重要。「條條大路通羅馬」，為了確保這個龐大帝國維持行政高效率及秩序維護，建造了由花崗岩或硬化火山熔岩形成的泥土、碎石和磚構造而成的驛道，堪稱古代世界最複雜的道路系統，驛道旁的石碑里程標記告知旅客距離到達目的地的里程數，也是今日公路系統必有的配備。奔跑在這古代高速公路上的馬車多半是並駕齊驅，在火車發明的近代，兩匹馬的屁股寬度，也就是馬車的輪軸寬，也成為今日火車的標準軌距離（一點四三五公尺）。

真理之口其實是羅馬城市的下水道排水口。

城市中心處處噴泉，不僅有供水的功能，更是閱讀城市的逗點。

羅馬帝國的疆域雖然在今日不同國家境內，但每征服一個地方，總會有新城市的誕生，這些新興城市都一定程度上仿照首都羅馬的城市規劃，擁有大量公共設施，羅馬人擅長將水從城市外的森林中藉由水道橋導入市區，在羅馬城中共有十一條，每天供水量約為三億五千萬加侖。

水道橋不能太陡，否則衝力會沖垮設施；也不能太平緩，否則易成一灘靜止的死水影響水質，對於城市中的公廁、地下排汙系統，噴泉都注入源源不絕的生命力，更重要的是羅馬城市不可或缺的公共浴場，水問題的解決大大方便了羅馬人的生活。

說到公共浴場，在羅馬城，圖拉真浴場、卡拉卡拉浴場及戴克里先浴場都是頗具規模的。卡拉卡拉浴場可同時容納兩千人，如同今日的三溫暖，浴場設施冷熱水兼具，不僅達到潔身目的，更是社交場所，也有圖書館、俱樂部以

頹傾的羅馬廣場，曾是古羅馬帝國運作中心。

及餐廳等設施。許多電影中，羅馬天空總是藍天白雲，其實跟世界大都市一樣，古羅馬早就面臨空氣汙染問題，為了維持浴場全年運作，當時燃料是以木材充當，燃燒造成城市天空烏煙瘴氣。看來自古至今對於自然的破壞，實在是地無分東西南北，人不分老女老幼的。

西班牙廣場前的精品店。讓人看到這座古老城市，至今仍不斷迸發新穎創意。

直到今天，一些留存自羅馬時期的水道仍然是城市中噴泉的水源。大家熟知的許願池：著名的特拉維噴泉，有以海神為主體的大面浮雕牆，就是其中一條水道橋的終點。來到這裡，不可免俗要丟銅板許下願望，而據說這樣的儀式也是保證日後會再回到羅馬。若是晚上來，點上燈火的許願池更是遊人不捨離去的浪漫之地。

滄桑風華，世界縮影

羅馬城市中，廣場是重要的空間元素，它是城市中心，也是居民集會場所，經典電影《羅馬假期》中，葛雷哥萊畢克騎著偉士牌機車瀟灑載著奧黛麗赫本悠遊羅馬各個景點，片中出現的西班牙廣場當然也成為遊客朝聖之地；從共和時期開始，羅馬廣場（Forum Roman）就是橫跨歐、亞、非三洲的古羅馬帝國心臟地帶，可說是羅馬的博愛特區。遼闊的羅馬廣場，散布著共和時期的最高政治機關元老院，帝國時期為皇帝打勝仗紀念興建的三座凱旋門、祭祀用的各類神殿，一棟棟跨越千年遺留至今的建築，依稀可見羅馬盛世的光輝。尤其是走到盡頭，雄偉矗立眼前的圓形競技場，更是讓人遙想古羅馬人尚武的狂熱氣氛，似乎還能聽到讓市民為之沸騰浴血搏鬥的吶喊聲。

競技場的設計靈感來自於兩個合併的劇場，也是今日體育場館的前身。西元八〇年落成後，這座可容納五萬人的龐然大物就成為羅馬城代表性建築，在西元二四八年羅馬建城千年的紀念活動中，據說就用了兩千名格鬥士上場彼此或和野獸拼搏，文藝復興時期的歷史學家甚至相信，古代羅馬人會將羅馬競技場灌水模擬海戰，但這部分缺少有力證據佐證，歲月滄桑早已洗盡大理石風華，而曾經濺灑其上的鮮血和骨骸也隨風而逝，如今只留下褐黃色的大塊原石供人憑弔。

看台上扯開喉嚨嘶吼、情緒亢奮的觀眾，與浴血廝殺奮戰，不是你死便是我亡的奴隸與牲畜，形成彼此消長的兩股力量，於是乎，人性中最醜惡也最野蠻的性格在這樣的殿堂中宣洩出來。奴隸們一旦被送到這裡，基本上就很難再踏出競技場，生命就此畫上句點，因為與猛獸相鬥的結果，十之八九都是以卵擊石，就算僥倖倖存，也很難全身而退，通常是傷痕累累，重傷而死。這樣血腥殘忍的場面，與羅馬帝國發展出的高度文明相比，實在是落差極大的對比。

當我們知曉競技場內一場又一場殘酷搏鬥的故事之際，也許對這樣的血腥暴力嗤之以鼻，但放眼現今世界，情況又何曾好轉？國與國之間政教不合的衝突每天不斷上演，世界變成競技場，鬥爭畫面從場內擴展延伸到場外，也許這就是人類的劣根性，跨越時空依舊在血液裡蠢蠢欲動。

上圖：羅馬競技場。
下左：反璞歸真的萬神殿。
下右：在文化氣息濃郁的此地，氣質美女似也隨處可見。

羅馬的真正價值

羅馬最不缺的就是橫跨各時期形形色色、裝飾繁複的神廟與教堂，但最讓我驚豔不已的建築，卻是結構簡單，反璞歸真的萬神殿。羅馬人在建築上最為關鍵的貢獻就是發明了混凝土和券拱，此技術在萬神殿表露無遺。外觀毫不起眼，走進內部才知可觀，完全沒用柱子的大殿，都是靠著精準的計算，用圓頂的支撐，造就寬闊的空間。而圓頂中央的天眼大洞，不僅光線會隨著一天時間更迭變換位置，下雨或下雪時，雨水緩緩飄落更是美景，更展現了改信基督教之前的羅馬人泛神信仰的極致，站在大殿真有天人合一的感覺。

羅馬還有個城中之國：梵蒂崗，這應該是我們最熟悉的一個國家了，它是世界上最小的國家，面積不到一平方公里，也是台灣在歐洲的唯一邦交國。梵蒂崗是全世界天主教徒的信仰中心，國土面積雖小，但卻有全世界最大的聖彼得教堂，在梵蒂崗，大與小的觀念，似乎也不能用一般眼光來比較。

這個世界上最奇特的城中之國，不僅是全世界天主教徒的聖地，就算不信仰天主的人，也會想體驗一日之間橫跨兩國的奇妙經驗。當然來到這裡，不只是尋求這樣的經驗而已，境內的博物館與聖彼得大教堂，俯拾之間皆是文藝復興時期大師的精品，不但感受宗教的神聖氣氛，也見識到藝術帶給心靈上的洗滌震撼。堪稱是西方藝術文化史精華的館藏作品。

與其說梵蒂崗是個國家，在我心中它反而像是個大型博物館。巴洛克大師貝里尼設計如同上帝環抱世人手臂的廣場，拉斐爾、米開朗基羅等人的濕壁畫與雕刻等等，令人目不暇給。雖然這些作品早就不知在藝術書籍圖片中看過多少次，但親眼瞧見還是讚嘆不已。梵蒂岡城本身就是一件偉大的文化瑰寶，所以也被聯合國教科文組織列為世界遺產。

羅馬帝國留給後人的不單單只是這些有形的藝術建築，對我來說，羅馬帝國留給我的遺產很簡單：有錢要懂得花。為什麼呢？因為羅馬人在歐、亞、非各個被他征服過的城市，砸下大錢興建幾乎是同個模子複製出來的城市，讓各地的羅馬公民在都可以享受同樣的榮耀與便利，凝聚了由不同族群構成的帝國向心力。

不像歷史上許多朝代，擅長打天下，掠奪屠殺的結果都只是曇花一現，思想與文化並沒有讓人心悅誠服。如今，就算不知道羅馬帝國的人，羅馬帝國所留下的文化遺產卻影響著你的生活，這才是「羅馬」一詞真正的價值。

上圖：萬神殿內完美的圓拱，是羅馬建築的代表。

下圖：聖彼得教堂內的精緻裝飾與挑高拱頂，讓人對天堂心生嚮往。

〔注意事項〕

- 羅馬市區小巷弄多，就算有大眾交通工具可以搭乘，但一天下來，雙腿還是最好的交通工具，所以記得穿一雙好走的鞋。
- 羅馬素有小偷及扒竊多的惡名，請注意重要物品保管。
- 市區旅遊可買公車巴士一日券，無限次搭乘，車站巴士服務處及書報攤皆有販售。車上無查票人員，根據我的觀察，很多人似乎有逃票嫌疑，但萬一被查到會被罰款，得不償失，還是別因小失大。

［周邊景點］

◎蒂沃利（Tivoli）哈德良別墅（Villa Adriana）

西元二世紀時，羅馬皇帝哈德良在蒂沃利建造的別墅，距離羅馬約二十五公里，園區內擁有宮殿、花園、劇場、神殿、圖書館、浴池、柱廊、亭榭、餐廳、倉庫、運河和人工島，濃縮了當時各種優秀建築元素的精華，是哈德良心目中的理想家園，這座複雜建築遺跡在一九九九年被聯合國教科文組織列入世界文化遺產名錄。

◎馬爾他騎士團

全名為耶路撒冷、羅得島及馬爾他聖若望獨立軍事醫院騎士團。一〇九九年在耶路撒冷成立時，主要目的是為了照料飢餓和染病的朝聖者，而後歷經塞浦勒斯、羅得島、馬爾他島的遷移，直到一八三四年在現址落腳。

不過它究竟算不算國家，還有爭議，因為在聯合國中，它只是觀察員，而非會員國，但領土、人民、主權三要素都具備：領土只有在羅馬市區的兩棟房子，居民不到百人，卻有約一萬兩千名國民散居世界各地；主權實體被國際承認，有自己的護照、郵票、車牌，行政、立法、司法機構一應俱全，還和世界九十六個國家建立正式外交關係，當真麻雀雖小，五臟俱全，顛覆了我們對國家的認知，任誰看到都會下巴掉到地上，但卻覺得新鮮。這個特別的「國家」位於羅馬貢多蒂大街68號，就在觀光客必去的西班牙廣場前的大街上，有機會到西班牙廣場，除了坐著曬太陽外，也別忘了過去看看。

04

印度

蒙兀兒建築

・項目名稱／胡馬雍墓（Humayun's Tomb Delhi）
・登錄年代／一九九三年
・項目名稱／阿格拉紅堡（Agra Fort）
・登錄年代／一九八三年

・項目名稱／泰姬瑪哈陵（Taj Mahal）
・登錄年代／一九八三年
・遺產種類／文化遺產

當地基本資料

國名	印度共和國（Republic of India）
人口	約十二點五億人
語言	印度為多元族群國家，至少有三十種不同的語言及兩千種方言。印度憲法規定印地語和英語這兩種語言為官方語言
氣候	印度幅員廣大，除北方山區嚴寒，終年積雪外，印度全境炎熱，大部分屬於熱帶季風氣候，而印度西部的塔爾沙漠則是熱帶沙漠氣候。可分為雨季（六到十月）與旱季（三到五月）以及涼季（十一到二月），冬天時受喜馬拉雅山脈屏障影響，較無寒流或冷高壓南下影響印度
簽證	可至印度－台北協會申辦（台北市基隆路一段 333 號 2012 室／02-27576112）。須備護照正本、身分證影本及二吋相片一張，費用一千三百元；週一至週五 09:30～12:00 收件，隔日 15:30～17:15 領件，簽證效期六個月。也可採線上申請：https://indianvisaonline.gov.in/
匯率	1新台幣約合2盧比（Rs.）。當地以美元兌換較方便（1美元約合66盧比），機場、銀行都可兌換，但以路邊的 Exchange 最為方便
時差	較台灣慢兩小時三十分
交通	包括新航、國泰、泰航、華航、馬航都多家航空公司皆有航班，飛往德里、孟買及加爾各答等主要大城

印度・不思議

印度是世界四大文明古國之一，相較台灣鄰近的國家，它算是距離台灣最近的「外國」，因為像東南亞或是東北亞國家，多半都受到中國文化影響，難免有些似曾相識的熟悉感覺，但來到印度，所有的一切都顛覆挑戰你的感官、你的思考。去過印度的人反應兩極，但我真的是超愛這個神奇國度。就如同印度觀光局行銷印度的slogan：「Incredible India」，印度真的處處讓你不可思議。

什麼都「多」的宗教王國

除了是世界著名的文明古國外，若要用一個字來形容印度，那就是「多」。人口多、種族多、語言多、地形變化多，印度也是世界上受宗教影響最深的國家之一，深入到社會與文化每一部分，主要的宗教有印度教、伊斯蘭教、佛教、錫克教、耆那教、祆教等等，可以說想得到的、想不到的宗教都能在這裡瞥見，但最多的還是八成印度人所信仰的印度教，尤其種姓制度的階級觀念影響社會價值頗深。原本隸屬於印度的孟加拉與巴基斯坦，乃是因為伊斯蘭教的關係，先後脫離各自獨立成國家。印度至今依舊有15%的人口信奉伊斯蘭教。而說到伊斯蘭教在印度留下的建築藝術，也成為遊客造訪印度的亮點，是重要的觀光財，印度的伊斯蘭化在蒙兀兒帝國（Mughal）統治時期到達高峰。

來自中亞，受到波斯文化洗禮，蒙古帖木兒的第五代孫巴布爾在一五二六年攻滅印度德里蘇丹國的最後一個王朝，建立了蒙兀兒帝國，經歷胡馬雍、阿克巴、賈漢吉爾、沙賈汗，到奧朗則布時代達到頂峰，幾乎統一了整個印度半島，成為當時世界上最富庶的國家之一。與此同時，強大的葡萄牙、荷蘭、英國和法國等西方殖民者卻蜂擁踏上印度這塊大陸，並為爭奪印度而發生激烈的衝突，在一八四九年，英國東印度公司成功掌握了印度全境的統治權。

蒙兀兒帝國的花園受波斯文化影響，中間有水池，被均分成四等分，象徵組成世界的四項元素。

蒙兀兒王朝是最早統一印度的伊斯蘭教帝國，不論在軍事、政治、藝術等各方面，均有相當傑出成就，在藝術上特別是建築更為後世所推崇。由於歷代君主對異教並不排斥，所以印度教、耆那教、祆教等等都對文化產成潛移默化，再加上中亞與波斯的影響，形成有別於其他伊斯蘭建築的「蒙兀兒」風格。

蒙兀兒帝國時期的伊斯蘭式建築，不少已脫離了宗教功能而以皇室用途為主，如處理朝政與居住的宮殿、死者安葬的陵寢。由於少了宗教束縛，因此其樣式比起其它伊斯蘭教建築更富創造力，也看得出與當地文化結合後重新解釋的文化變遷。今日印度北部，能夠看到帝國留下來的偉大建築，也持續影響了今日印度的建築風格。

窗格剪影亦具伊斯蘭風格：多幾何抽象圖形，無具體形象。

／蒙兀兒建築的里程碑／

蒙兀兒帝國的第二任皇帝胡馬雍（Humayun）

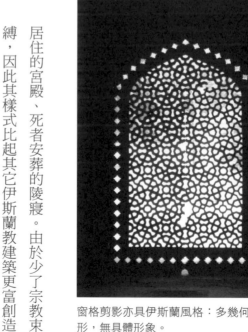

左圖：比例對稱是蒙兀兒帝國建築特色。
右圖：嘟嘟車經過寶萊塢電影海報前。

確立了蒙兀兒式建築的形式，在現今首都德里的胡馬雍古墓是象徵之作。墓陵呈不規則八角形，由取材方便且易於雕刻的紅色砂岩所打造，所有設計都與數字「四」有關，因為「四」在蒙兀兒文化中代表神聖與平和，源頭則是來自於波斯祆教中的四大元素：天空、水、大地、植物的象徵。在中華文化裡就十分忌諱「四」這個數字，因此不同文化確實對同樣東西會有不同解讀，事實上不只是印度的伊斯蘭建築受到波斯的影響，整個伊斯蘭世界的藝術成就，基本上都有波斯文化的影子，阿拉伯人創建了伊斯蘭教，但藝術的展現則是吸收融合了更悠久文明的波斯。

胡馬雍古墓內包括四等分的花園、四座小圓塔等，都呈現出一種對稱均衡的美感。洋蔥頭圓頂、雙拱門、水流渠道以及四周所裝飾的花紋或雕刻，樣式比較簡樸粗獷，這都是早期以原色為主的蒙兀兒風格，陵墓整體也成為後期建造陵墓的典範。最著名並被聯合國教科文組織列為世界遺產的泰姬瑪哈陵，在設計上便是以此墓為藍圖，因此胡馬雍古墓又有「小泰姬瑪哈」之稱。不過兩者不同的是，泰姬瑪哈陵放棄傳統的紅色砂岩，改採大量白色大理石以及精準琢磨的鑲嵌彩色瓷磚、寶石或鏡片的工藝技術，與樸實的早期風格大相逕庭，是後期蒙兀兒建築的代表。

蒙兀兒風格到了第三任皇帝阿卡巴大帝（Akbar）時更被發揚光大，最具代表性的建築便是阿格拉紅堡，這座巨大的建築，同樣用紅色砂岩為主體材料。最初的阿格拉紅堡同時肩負有防禦敵人的功能，所以有著高大的城門城牆和圍繞城牆的護城河。

阿格拉紅堡內的建築歷經三代皇帝的整建，風格殊異。第四任皇帝賈漢吉爾（Jehangir）興建的賈漢吉爾宮 (Jehangir's Palace)，融合印度和波斯建築特色，同樣使用紅色砂岩。而到了第五任皇帝沙賈罕（Shah Jahan）時，他拆除阿格拉紅堡內部分看來厚重呆板的紅砂岩建築，改以更高級的白色大理石作為建築材料，興建包括公眾大廳（Diwan-I-Am）及珍珠清真寺（Moti Masjid）等建築。在公眾大廳建築四角或頂層四周使用木構建築形式的「卡垂」（Chatri）。「卡垂」指的是蒙兀兒帝國建築常出現的裝飾性亭閣，它得名自波斯文「傘」的讀音，再一次看到與波斯文化不可分的密切關係。

／富麗堂皇・巧奪天工／

在這個時期，沙賈罕為了紀念他因難產過世的愛妻穆塔茲而建造的泰姬瑪哈陵，更是蒙兀兒建築的精華與巔峰。就算沒去過印度，泰姬瑪哈陵瑰麗的形象早就深植人心，成為印度的地標。泰姬瑪哈陵與阿格拉紅堡這兩座經典建築僅隔著一條雅穆納河對望。沙賈罕在上左：當地工匠重現流芳後世的泰姬陵傳統鑲嵌工藝。
上右：光影柔和了冰冷的建築。
下圖：阿格拉紅堡的接見大廳。

一六三一年下令興建泰姬瑪哈陵，大約與法國凡爾賽宮、羅馬聖彼得大教堂同在一時期，前後共花了二十二年的時間，動員了無數人力與金錢，完工後，蒙兀兒帝國的元氣也隨之大傷。

泰姬瑪哈陵主體以沙賈罕最愛的純白大理石砌建。出入門型皆採典型的伊斯蘭教穹頂，象徵著伊斯蘭教的宇宙觀。正門頂端前後各有十一個白色小圓頂，每個圓頂象徵一年，恰好是建造泰姬瑪哈陵所花的時間。陵墓內涵蓋了前庭、正門、蒙兀兒花園、水道、噴水池、陵墓主體和左右兩座清真寺，格局完整對稱，「四」的概念也融合在建築理念中。

從遠處看泰姬瑪哈陵，彷彿是無暇的純白，但隨著距離慢慢靠近，才發現驚豔之處。伊斯蘭教中禁止偶像崇拜，因此陵墓上的裝飾多半是以幾何圖形與花草植物圖案為主，白色的大理石上，鑲嵌了從各地運送而來的寶石，包括了土耳其石、瑪瑙、紅藍寶石、珊瑚、紅玉、碧玉、翡翠、水晶、縞瑪瑙、紫水晶、橄欖石、孔雀石、鑽石等，陵寢中央主室是一扇八邊形白色大理石透雕屏風，顯現當時帝國龐大的疆土與實力。

這些鑲嵌板塊就像是一體成型的，十分磨合，摸起來光滑平整，很難觸碰得出接縫之處。就算沒有鑲嵌，也有直接在大理石上的雕刻，同樣是巧奪天工，透過凹凸光線照射的明暗，來顯現立體層次之感；連陵墓主體正門門扉上的裝飾可蘭經文，也考慮到視覺的遠近效果，上面字體比下面大，當人們抬頭由下往上看時，就會有著都是大小相同的錯覺，令人讚嘆當時的工藝思考與水準。由於在伊斯蘭教義中，除了真主阿拉，不能崇拜其他神明，沒有偶像崇拜，自然在所有的裝飾物上看不見人物與動物，都是以抽象幾何圖形，或是花草藤蔓為裝飾主題。

笑一個！任誰來到泰姬陵必留下痕跡。

沙賈罕晚年被兒子奧朗則布囚禁在阿格拉紅堡。原本泰姬瑪哈陵完工後，沙賈罕還想在河對岸蓋一棟尺寸一樣，但用黑色大理石的陵寢，做為自己死後使用，但結果只能從阿格拉紅堡遙望泰姬瑪哈陵，思念愛妻，抑鬱而終。沙賈罕在建築藝術上因為堅貞的感情而創造出曠世巨作，但在政治上，卻如同大部分好大喜功的國王一樣，不可避免的成為國力消長分水嶺。

我站在阿格拉紅堡的窗戶邊，試著以當年沙賈罕的角度觀看泰姬瑪哈陵。不過我永遠無法是他，只能從這些充滿文化和藝術價值的建築遺蹟中，尋找更多的創作靈感，使得世代相傳的藝術風華能夠綿延不絕。

左圖：阿格拉紅堡。
右圖：沙賈罕當年應該就是這樣遙望泰姬陵。

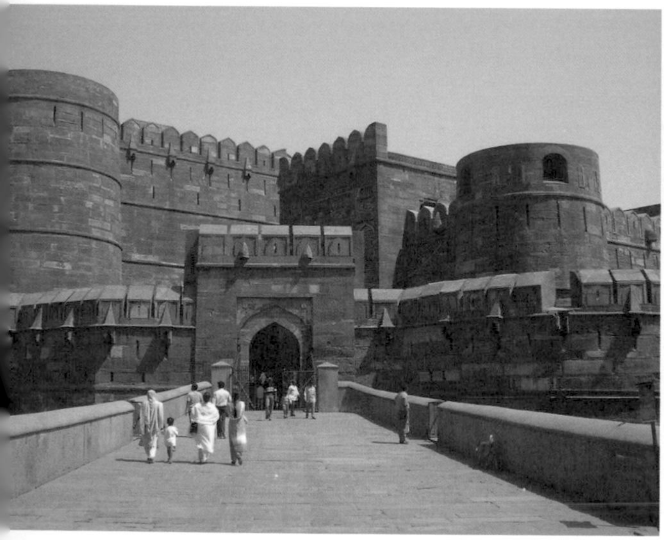

[注意事項]

· 印度的路邊攤衛生條件不佳，如果腸胃不好，千萬不要勉強自己，寧願到餐廳去用餐。
· 在印度旅遊隨時都有許多掮客騷擾，推銷火車票、巴士票或住宿，只要微笑堅決說 NO，對方多半都會無趣而離開。
· 印度是個貧富差距頗大的國家，但不要因為同情心，施捨金錢或物品給乞丐和小孩，否則會讓你無法脫身。
· 印度人回答問題時，通常搖頭是代表「OK」，不要誤會對方的意思。
· 不要帶刻板印象看待印度，記得把自己掏空，打開所有感官，除了視覺，也要善用聽覺、嗅覺、味覺及觸覺，保證有個難忘的印度異文化之旅。

[周邊景點]

◎德里（Delhi）

印度的首都所在，為舊德里和新德里兩部分，舊城區目前仍保有許多重要古蹟，包括賈瑪清真寺及德里紅堡等，新城區部分則是印度現代化的象徵，亦有印度門及甘地陵等景點。

◎齋浦爾（Jaipur）

齋浦爾，是印度拉賈斯坦邦的首府，市街按棋盤方格式設計，因建築都塗裝上粉紅色，因此有「粉紅城市」之稱。市區有城市宮殿 (City Palace)、風之宮 (Hawa Mahal)，以及安柏堡 (Amber Fort) 等景點。與德里、阿格拉合稱為北印金三角，是觀光旅遊勝地。

神聖的空間

土耳其・伊斯坦堡歷史城區
德國・從施佩耶爾到維斯
日本・古京都遺址
寮國・龍坡邦古城

01

土耳其 伊斯坦堡歷史城區

- 項目名稱／伊斯坦堡歷史地區（Historic Areas cf Istanbul）
- 登錄年代／一九八五年
- 遺產種類／文化遺產

當地基本資料

國名	土耳其共和國（Republic of Turkey）
人口	約八千萬人
語言	土耳其文。旅遊區英語相當流通
氣候	伊斯坦堡屬地中海性氣候，夏天溫度約攝氏二十三度，天氣較乾燥，而冬天溫度約攝氏七度，偶爾會下雪
簽證	採線上申請（申辦網址：https://www.evisa.gov.tr/en/），費用24美元，限單次進出，停留期限三十天
匯率	1土耳其里拉約合11新台幣。（1美元約合2.9土耳其里拉）
時差	較台灣慢六小時，自四月至十月底日光節約時問慢五小時
交通	土耳其航空目前有班機從台北直飛伊斯坦堡

從亞洲到歐洲，必經今日土耳其的伊斯坦堡。伊斯坦堡是土耳其的經濟文化中心，知名度之高，常被人誤以為是土耳其的首都；其實一九二三年土耳其共和國成立之時，為了擺脫帝制把持的陰影，定都安卡拉。這座千年古都，在鄂圖曼土耳其人尚未到這裡來時，是信仰基督教的東羅馬帝國君士坦丁堡，因此今日的伊斯坦堡，不但是地理的交會之處，還是宗教的更替之所。

／歐亞的明珠，糾結的歷史／

現今的土耳其是個世俗化的伊斯蘭國家，但小亞細亞這塊區域並非一開始就被土耳其人統治。從亞歷山大大帝東征開始，這裡就與歐洲的歷史結下不解之緣。後來作為羅馬帝國的小亞細亞省，東羅馬帝國的主要疆域，一直到西元一四五三年鄂圖曼土耳其人打敗東羅馬帝國，這裡才由伊斯蘭教取代了原本基督東正教的信仰。

由於多元的文化，加上以極大的寬容，將衝突與矛盾在複雜的對立中取得微妙平衡，也讓這個城市更顯多采多姿，風情萬種，伊斯坦堡的建築形式以鄂圖曼風格為主，此外也存有拜占庭、羅馬、古希臘的元素；清真寺叫拜樓勾

左圖：聖索菲亞大教堂。
右圖：細緻的門環配件。

博斯普魯斯大橋如飛虹跨越歐、亞兩洲。

勒出的天際線中，仍能看到許多古老基督和猶太教堂。歷史凡走過就會留下痕跡，即使淡忘，但無法抹滅。

伊斯坦堡古稱拜占庭，來自希臘的殖民者拜占斯，到希臘德爾菲的阿波羅神殿祈求神諭，希望神明指點迷津確定新的殖民地。神諭寫著：「在盲者的對面」，當拜占斯來到博斯普魯斯海峽之際，看見今日的天然良港金角灣，但住在對岸的人卻沒有發現這塊處女地，「這一定是瞎了眼！」把這個新的殖民地命名為拜占庭（Byzantine）。

伊斯坦堡控制博斯普魯斯海峽，作為黑海航運樞紐，市區橫跨歐亞兩洲，是絲路西行的終點，也是走入東方的起點，地理位置優越，但也因此成為了強權爭奪的是非之地，自古征戰不斷，承載著錯綜複雜的歷史。讓這個水光粼粼的城市，蒙上了幾絲憂愁之美。

漫步伊斯坦堡

在伊斯坦堡歷史城區最好的方式就是步行。蜿蜒窄小的巷弄永遠萬頭攢動，這是千百年來當地人的生活及商貿重心，也是旅行者目光的集中焦點。城區位在半島上，被金角灣、博斯普魯斯海峽及馬爾馬拉海包圍。不用擔心迷路的危險，因為不管怎麼繞，似乎都能走到蘇丹艾哈邁德廣場，彼此相對的聖索菲亞大教堂與藍色清真寺就在這裡，像是兩座門神照看著城市，當然也是伊斯坦堡的地標，不論在歷史或是地理上都是。

三朝興衰，文化薈萃

聖索菲亞大教堂完工於西元五三七年，東羅馬帝國皇帝查士丁尼大帝在完工的時候，曾經發出讚嘆：「感謝上帝讓我創造了這樣的一個奇蹟！」一四五三年鄂圖曼土耳其帝國滅掉東羅馬帝國，將這座龐然大物添上四根叫拜塔，成為一座清真寺，土耳其共和國成立後，這裡成為博物館，直到現在都是來伊斯坦堡的必訪景點，一棟建築物便能看盡三朝興衰。

聖索菲亞大教堂是標準的拜占庭風格。這種承襲了古希臘羅馬的傳統，又融合了來自於阿拉伯及波斯藝術的藝術形式，是帝國和基督教會相結合的官方藝術。主要思想內容是崇拜帝王和宣揚基督教神學，為鞏固王權統治而服務。聖索菲亞教堂的中央圓頂形的結構及其內部金碧輝煌的裝飾，反映了政教合一的精神統治的權威，在教堂建築、聖像畫、鑲嵌畫、細密畫及工藝美術的風格創造成果卓著。

不管你信奉甚麼教，走進聖索菲亞大教堂，挑高五十六公尺的大廳絕對讓人張大嘴巴讚嘆，感受宗教氣氛帶來的平靜與祥和。內部的馬賽克鑲嵌畫、大理石柱皆富麗堂皇，由於是皇室教堂，所以鑲嵌畫描繪的多半都是耶穌與聖母伴隨著當時的國王一同出現，展現出君權神授的意味。只可惜在鄂圖曼帝國時期，因為伊斯蘭教教義中並無偶像崇拜，這些金碧輝煌的鑲嵌畫多半塗上灰泥覆蓋，現為博物館後又擔心將灰泥去除後，底下的鑲嵌畫會不可避免的受到損毀，做與不做都有難處。

而對面使用無數藍色磁磚裝飾內部空間的「藍色清真寺」，則見證鄂圖曼帝國最輝煌的時期。這些藍色磁磚來自於土耳其伊茲尼克，這個小鎮以燒製最好磁磚供皇室使用聞名，受到拜占庭建築影響，藍色清真寺也有著大大小小的圓頂，十分有特色，鮮豔色彩與華麗精美的圖紋壁飾相互輝映。外觀最大的特別之處，有著少有的六座叫拜塔，據說是當時建築師將蘇丹交代的「黃金」叫拜塔誤聽為「六根」叫拜塔，因為這兩個發音雷同，算是誤聽造成的美麗錯誤。

其實伊斯坦堡在十六世紀時大量興建的清真寺，其風格或作品樣式受到當時首席建築師錫南的影響尤深，甚至在伊斯蘭建築系統中自成一派，他擅長利用圓頂所展放的巨大內部空間，並在內外部空間、明暗之間達到很好的和諧。雖然和東羅馬帝國不同宗教，但也因為承繼了拜占庭建築的文化積累孕育，讓清真寺從原本的黑暗小房間蛻變成一個藝術與技術相平衡，同時顯現高貴典雅的聖地。錫南一生中建造或監督了九十四座大型清真寺，包括伊斯坦堡的蘇萊曼清真寺，藍色清真寺雖非他所建，但也是他的弟子所造。

上圖：四根叫拜塔加上後，教堂就成了清真寺。
中圖：聖母擁著耶穌，君士坦丁在右獻城、查士丁尼在左獻上教堂
下左：平民美食 Sumit。
下右：穿著鄂圖曼帝國服裝的小販。

放鬆心情，以茶會友

在歷史城區一天走下來也挺耗體力的。要是真的走累了，可以體驗一下傳統的土耳其浴，這個源自於古代羅馬浴場的洗澡傳統，在歷史城區中很容易發現，土語稱為「哈瑪」（Hamami）。澡堂外觀通常是一個又一個的小拱頂，有助於室內的熱氣不容易流散，男女分浴，脫下身上的衣服後，用一塊方格布圍住下半身，先躺在一塊加熱的大理石板上，全身冒汗打開毛孔後，男生會由大叔，女生會由大嬸幫你裹上一層泡泡，先來段馬殺雞，洗完頭後再用特製手套，將身上的千年老癬角質搓的乾乾淨淨，不管你平常洗澡洗的如何乾淨，都還是有辦法讓你改頭換面，重新做人。洗完土耳其浴後真的讓人覺得輕飄飄的，摸著光滑的皮膚，更是十分滿意。

土耳其人喝茶多用鬱金香杯（鬱金香是土耳其國花）。

購物也是讓人提振精神的好方法。歷史城區的有頂大市集，甚麼都有，甚麼都賣，甚麼都不奇怪，琳瑯滿目的物品讓人目不暇給。就算不購物，市集裡也有許多的茶店可供休息，可以學土耳其人來杯茶或咖啡，咖啡喝完可以算命，而土耳其人愛喝茶更是出了名的，並且只用特殊的鬱金香杯，已成為土耳其茶的符號象徵，因為鬱金香是土耳其的國花。土耳其人稱茶為（çay），音似中文的「茶」，聽得出茶葉也是沿著絲路運送過來的軌跡，可以看出絲路上東西交通往來的影響，不僅茶從中國傳入，連發音都極為類似。茶壺也很特別，分成上下兩個壺，上壺是濃茶，下壺是開水，喝的時候兩者調和成自己喜歡的濃度即可。

當地人一天可以喝上十幾杯茶，可以站著喝，可以慵懶的躺在床上喝，可以做生意的時候喝，可以聚會的時候喝，任何姿勢、任何場合都可以啜飲一杯紅茶。茶已經變成社交工具，被請上一杯，不僅解渴，也象徵主客彼此間的友誼。所以在市集裡碰到有老闆請你喝茶，恭喜你，他可能已經把你當成朋友了！

市集中亦有紅茶「快、熱、送」的外送服務。

TURYOL

橋貫古今

傍晚時分，站在加拉達橋上，這座銜接舊城區與新市區的橋梁，許多人在此垂釣，來往的船隻絡繹不絕，回頭逆光看歷史城區，剪影輪廓格外分明，如金粉般的夕陽灑在海面，數千年來的景象不變，變的是佇足欣賞遊客的思緒與心情，變的是朝代更迭的無常。

土耳其也瘋宮鬥？

鄂圖曼土耳其攻陷伊斯坦堡的西元一四五三年，是歐洲中古史與近代史的分野，自此小亞細亞再也不是歐洲人所熟悉的地方。歷史城區的托普卡普皇宮，便是歐洲人不瞭解的區域，這裡是歷代蘇丹居住以及權力中心，掌控橫跨歐亞非三洲大帝國生命中樞。其實皇宮內部比起世界各地保存下來的皇宮並不顯得特別奢華，這也許與伊斯蘭教強調的清真有關連。不過自古以來，皇宮內的明爭暗鬥總能成為稗官野史的素材，市井小民茶餘飯後的談資，就像清朝的宮廷劇一樣，在土耳其的古裝劇，都是在描述鄂圖曼帝國宮廷內鬥的故事，尤其帝國並沒有實施長子繼承制，蘇丹的每個兒子都有機會登上大位，當然每位後宮嬪妃用盡一切手段，不僅為兒子，更為自己登上太后的位置。錢與權，始終是人類文明中眾人追求的，也永遠是錯綜複雜的千年糾葛。

土耳其是世俗化伊斯蘭國家，女性可自行決定是否包頭巾。

注意事項

· 伊斯坦堡有許多的博物館及景點，造訪前記得先查看開放時間，以免空跑一趟。
· 伊斯坦堡舊城區全部為步行區，一雙好走的鞋及體力是必要的。
· 舊城區觀光客非常多，龍蛇雜處，務必注意自己的財物。

周邊景點

◎博斯普魯斯遊船

博斯普魯斯（Bosphorus）的原意是「母牛經過的地方」，據說宙斯愛上一個名叫伊娥的女子，宙斯之妻赫拉發現後，宙斯急忙將伊娥變成一頭母牛，躲避赫拉的報復，但赫拉發現後讓一隻牛虻不斷叮咬母牛屁股，母牛忍不住痛，經過的地方就形成今日的海峽。要欣賞海峽風光最佳方式便是搭船，金角灣附近的港口有許多觀光渡輪可供選擇。

◎番紅花城（Safranbolu）

番紅花城保留了鄂圖曼時期的房屋和建築，包括私人博物館、清真寺、墓園、歷史噴泉、土耳其浴、鐘塔、日晷以及數以百計的房屋，整修後在一九九四年被列入聯合國教科文組織的世界遺產名錄。

02

德國

從施佩耶爾到維斯

· 項目名稱／施佩耶爾大教堂（Speyer Cathedral）
· 登錄年代／一九八一年
· 項目名稱／科隆大教堂（Cologre Cathedral）
· 登錄年代／一九九六年

· 項日名稱／維斯教堂（Pilgrimage Church of Wies）
· 登錄年代／一九八三年
· 遺產種類／文化遺產

當地基本資料

國名	德意志聯邦共和國（Federal Republic of Germany）
人口	約八十一百萬人
語言	德語
氣候	德國東部偏向大陸性氣候，冬季寒冷，夏季溫暖，較常出現長時間的乾燥。德國中部及南部地區為海洋性氣候及大陸性氣候的過渡帶，最南部的阿爾卑斯山區氣溫較低，德國中部的高地屬山地氣候，氣溫較低且降雨較多
簽證	目前赴歐洲免簽證，但並非表示可無條件進入申根區停留。國人以免簽證方式入境申根區時，移民官可能要求提供：旅館訂房確認記錄與付款證明、回程機票以及足夠維持旅歐期間生活費之財力證明等，建議預先備妥並隨身攜帶
匯率	歐元（Euro），1歐元約合33台幣
時差	德國於夏季期間（約為三月至九月）採日光節約時間，故比台灣晚六小時；冬季期間（約為十月至二月）比台灣晚七小時
交通	華航有航班飛法蘭克福，亦可搭乘歐洲航空公司飛往歐洲重要都市轉機前往德國境內之日的地

自古至今的文明發展，宗教衝突未曾停歇，內戰四年的敘利亞引發國際關注的難民危機，各國焦頭爛額之際，歐盟國家斯洛伐克總理說：「斯洛伐克同意接收兩百名敘利亞難民，但限定只接收基督徒。因為斯洛伐克缺清真寺。」歧視與偏見有時依舊偏執到讓人傻眼，在這個角度看來，人類還是稱不上文明。

／神聖與世俗交纏的宗教史／

世界上各地的宗教信仰雖有所不同，但相同的是，都有為了容納做集體禱告和儀式崇拜者群體的空間，不論是伊斯蘭教的清真寺、神道教的神社、佛教的廟宇，乃至於基督教的教堂，這些神聖空間是人類創造出來敬拜神、榮耀神的。雖然不同文化有著各自的聖所，但所有神聖空間卻又不約而同的，都選擇和藝術相結合，從教堂建築、傢俱布置、形象雕刻、彩繪玻璃、宗教畫作、肅穆儀式，到詩歌、香味和光線等，所有的元素交織出豐富的神聖氛圍。這樣的異中求同，同中又有異，說明了宗教不應該是伐異黨同的工具，而是找出人心底那個可獨處安靜的個人神聖空間。在這空間裡，可以認識自我，看清和他人的關係，以及瞭解神在我們生命中和世界上的地位角色。

這邊提及的神不是怪力亂神，而是人類對自然現象的解釋。以前的人由於科學不發達，所以畏懼自然，許多無法解釋的現象，只能發展出許多神性解釋與形象描繪，來填補知識上的空白。而當許多自然現象被少數人掌握解釋權後，這些少數人就成為我們口中的教主。從歷史發展過程來看，教主或繼承者最後會將宗教與政治結合，說穿了就是掌握權力，有了權力當然就有利益，往往牽涉到財富的分配。因此宗教史其實也是錢與權糾結錯雜的歷史。

就像創立基督教的耶穌是猶太人，生來就是猶太教徒，但也是因為當時的猶太教有其沉痾弊病，基督教的出現，戳破了許多猶太教會的偽善與說一套做一套的表面形式，受到許多被猶太社會鄙視的罪人，如稅吏、外邦人、犯姦淫的婦女極大歡迎，耶穌向他們傳福音，看在這些猶太教士既得利益階級的眼中，當然感受到新興宗教對他們權力與信任的威脅，當然要想盡辦法除之後快，因此慫恿當時羅馬帝國把耶穌釘上十字架處死，以免後患無窮。

雖然基督教草創之時如此艱難，但人們對宗教肝腦塗地的信任付出，使得後來基督教在世界各地開枝散葉，尤其西元四世紀時，羅馬皇

羅馬式教堂的肋拱。

帝狄奧多西將基督教訂為國教，更對歐洲的文明發展影響至為深遠。不過現在時空背景都不一樣，現今宗教反而像是赤裸的利益交換過程。舉個簡單的例子：古人到廟裡拜拜，不管他是信甚麼教，祈求的不外乎是身體健康、事業順利、家庭和睦，萬一拜過不靈驗，會反省自己的作為，應該是自己做的不夠，因此沒有得到神明的庇佑；現代人去廟裡拜拜，求的心願大同小異，不過不同的是，如果沒有如願以償，絕對是怪這間廟不靈，下次要換一間拜，千錯萬錯都是神明的錯。

／權威的堡壘——羅馬式教堂／

就算你不是教徒，也知道基督教的神聖空間是教堂，這是常識；但隨著後期對教義的認知解釋不同，基督教也分裂出天主教、東正教及基督新教，反映在建築上當然也有不同的差別，要了解這些需要知識。否則每次去歐洲只知道看教堂，但看不出個所以然，實在可惜了！

在基督教還未合法之時，基督徒必須隱瞞自己的身分以免遭受迫害，通常聚會禮拜都在家中。《米蘭詔書》頒布取得合法認可後，早期基督教的教堂便相繼出現，大致分為西羅馬的巴西利卡式（Basilica-plan）和東羅馬的集中式（Central-plan）。

巴西利卡是羅馬長形公共建築，多供城市公民集會之用，做為教堂的建築形式參考，天主教教堂幾乎都是巴西利卡的變形；集中式教堂則是仿自希臘化墳墓，多用在洗禮堂、廟堂、殉教者紀念堂等，後來成為東正教教堂的源頭。

西元十世紀，封建領主紛紛修建規模龐大的羅馬式教堂，採用山形牆並使用圓拱。保留了羅馬時期建築的堅固、沉重、牢不可破，這些形象與教會想要營造出的權威不謀而合。教堂的一側或中間往往建有鐘塔，教堂內光線幽暗，給人一種神祕氣氛，揮之不去的肅穆感及壓迫感始終圍繞。施佩耶爾大教堂是目前世界上最大的羅馬式教堂建築，不過在興建當時，小鎮只有五百個居民，為什麼皇帝會在這麼小的一個城市建造那麼大的教堂？因為當時的皇帝不僅自認是政教合一最高領袖，為了與當時羅馬教廷教宗互別苗頭，規模和氣勢上當然不能輸。

更高更大更好——哥德式教堂

在現代，資本主義商業主宰世界秩序，因此各地都競相興建象徵性的摩天大樓，代表商業財團的影響力；在以往封建農業時代，教會才是秩序的制訂者與執行者，因此興建高聳雄偉的教堂便成為宣示教區力量的標誌，愈高愈大代表信眾愈多，奉獻金愈多，權力當然也愈大，

左圖：玫瑰窗。
右圖：厚重的大門。

不過有不少是打臉充胖子，經費短缺的情況下，有些教堂一蓋就是數百年，甚至目前都尚未完工的大有人在。

這種追求更高更大的迷思，促成哥德式教堂的出現。「哥德人」是歐洲北部野蠻人，長期以來被視為正統的羅馬藝術，出現挑戰者，當時哥德式建築被批為離經叛道，就像沒有文化的野蠻人一樣，這其實也反映人們對新事物的抗拒與恐懼，就像新宗教出現時對舊宗教的威脅一樣。

和厚重的羅馬式教堂不同，哥德式教堂外觀看來輕巧，形體透過塔尖和建築局部呈現一種向上的動能，高、直、尖的特徵使得教堂如手機基地台，信眾祈禱與渴求的訊號幾乎能上達天聽，這也是哥德式教堂希望達到的效果：無論視覺和情緒都隨著向上竄升的尖塔，有種接近上帝和天堂的感覺，讓你就算不是教徒，走進教堂裡一樣讚嘆：「天國近了！」

科隆大教堂。

哥德式教堂大量使用飛扶壁，扶壁是一種用來分擔主牆壓力的輔助設施，在羅馬式教堂中即已運用，但哥德式教堂把原本實心的、被屋頂遮蓋起來的扶壁，都露在外面，稱為飛扶壁，可以把厚重的牆面減少到極限，隨處填充著花窗玻璃，這種明亮的室內空間是前所未有的。

隔萊茵河遠眺科隆大教堂。

走進位於萊茵河畔的德國科隆大教堂，就可以了解教堂是如何透過建築語言傳遞給世人其欲表達的意念，真的只須意會，不必言傳。高一百五十七公尺的雙塔是世界第三高的教堂，一一六四年，神聖羅馬帝國皇帝腓特烈一世將「三王聖龕」（東方三博士遺骨）贈給科隆大主教，來科隆朝聖的信徒驟增，因此從一二四八年開始起建，到一八八〇年才完工。列為世界遺產的科隆大教堂也曾面臨危機，起因是科隆市政府原本要在教堂後面批准一棟摩天大樓的興建，雖然不會影響教堂主體，不過一旦蓋好就會影響到大教堂的天際線，世界遺產協會警告並將其列入瀕臨危機的世界遺產，還好後來計畫中止，雙塔的完整輪廓得以保存。

用光線說故事

哥德式教堂另一個代名詞是彩繪玻璃。聖經故事往往是玻璃窗上的主角，羅馬式教堂亦有使用彩繪玻璃，但大面積更有助於故事的完整敘述。中世紀教育不普及，為了使文盲也能強化了解聖經的內容，圖象表達是最好的方式，也可以將光線引領入室，營造出彷彿置身天國的奇幻感。

樸素外表下的精雕細琢

在經歷強調對稱與建築比例就是反映宇宙和諧與規律的文藝復興時期，以及天主教會為了炫耀財富，在造型上改直線為曲面，風格以繁瑣堆砌，室內則使用華麗裝飾的巴洛克時期，都賦予了教堂不同面貌的呈現。來到以洛可可風格聞名的維斯教堂，相傳教堂內的救世主像曾落淚而成為聖地。十八世紀風行於法國的洛可可風格，特點是好以弧線為裝飾風格，大量使用貝殼、漩渦、山石題材，牆面粉刷愛用嫩綠、粉紅、玫瑰紅等鮮豔的淺色調配上卷草舒花，線腳大多用金色，讓人呈現目不暇給的感覺。

千里迢迢來到德國南部的維斯教堂，光看外觀有點遺憾，因為規模不大，平凡的就像是民居的加大版，但是抱著半信半疑的心情買了門票參觀，進去後看到眼前的場景，半晌說不出話來，繁複的壁畫與雕塑讓人無法專心，雖然也是許多的聖經故事，但太多的裝飾反而干擾了主題，也說明了文明發展由簡至繁，刻意炫耀的心態。

維斯教堂有著鄉間民居般的平凡外觀。

令人眼花撩亂的維斯教堂內部。

解碼象徵，尋得救贖

教堂不只是座建築，它是集所有象徵之物詮釋宗教意涵的場所。象徵可以表達語言無法傳達的意思，尤其帶有許多神祕感的宗教，像是牧羊人代表耶穌，羊群代表信眾；象徵也能在引起困擾的語言鴻溝上架起溝通橋梁，例如對耶穌的位格百家爭鳴，但都同意用三角形代表三位一體；象徵更具有感動人心的力量，像是十字架就代表了基督教。要看的懂象徵，才能獲得解讀教堂得密碼，這也是看教堂世界遺產的真正目的，可能也會有種被救贖的心情。

[注意事項]

· 德國餐廳用餐不提供白開水，都必須付費，不過除非特別註明非飲用水，一般的水都是可以生飲。
· 德國的火車都沒有剪票員，很多人以為可以僥倖逃票，若被抓到，將處高額罰款，建議不要貿然貪小便宜。
· 要留意商店關門時間，鄉村地區可能晚上六點，都市可能七點，打烊後要買東西非常不方便，最好提前購買。

[周邊景點]

◎新天鵝堡

這座城堡是巴伐利亞國王路德維希二世的行宮之一，共有三百六十個房間，其中只有十四個房間依照設計完工，其他的三百四十六個房間則因為國王在一八八六年逝世而未完成；是德國境內受拍照最多的建築物，也是最受歡迎的旅遊景點之一。

◎海德堡

海德堡有德國最古老的大學，於一三八六年建立，整座城市就是個大學城，依山傍水，有古堡、古橋，孕育出許多諾貝爾得主。電影《學生王子》使海德堡聲名大噪，成為遊客拜訪的浪漫勝地。

03

日本 古京都遺址

・項目名稱／古京都遺址（京都，宇治，大津城）
（Historic Monuments of Ancient Kyoto [Kyoto, Uji and Otsu Cities]）
・登錄年代／一九九四年
・遺產種類／文化遺產

當地基本資料

國名	日本國（Japan）
人口	約一億二千萬人
語言	日語
氣候	日本以溫帶季風氣候為主，但由於日本島嶼延伸得很長，因此全國各地氣候仍然有很大不同，京都三面環山，屬於盆地地形。因此形成夏季炎熱、冬季寒冷的氣候特徵
簽證	免簽
匯率	1新台幣約合3.7日圓（円）
時差	比台灣快一小時
交通	可搭乘華航、長榮、日航等航班至大阪關西機場。亦有數家廉價航空飛往日本東京及大阪等重要都市

古京都建於西元七九四年，是仿效唐朝長安城的形式而興建，因此今日來到京都，所有的街道都是正東南西北的棋盤式規劃，到一八六八年江戶時代結束前，一直是日本的首都。這座古城，不僅是日本千年來的政治文化中心，精緻的建築和庭園藝術，更是影響深遠。

／日本人的心靈故鄉／

京都市內歷史古蹟繁多，全京都共有十七座建築被列入世界遺產名單，列為國寶級的建築物有三十八處，定為重要文化財的建築物更達一百九十九處。除了保護建物本身外，京都獨特優美、充滿歷史氛圍的環境也得到保護，因此京都有著「日本人的心靈故鄉」美稱。

日本傳統信仰為神道教，在潛意識裡，日本人相信在土地上和空氣裡，有著許多形形色色的神，祭祀對象是所有有靈的事物，大自然一切現象都是他們崇敬的主體。神道教的最高神祇為天照大神，也就是太陽神，亦是日本天皇的始祖，神道教的廟宇就是神社，而號稱「三步一寺廟、七步一神社」的京都，共有佛寺一千五百多座，神社兩千多座，一年四季都有不同的風情，尤其在春天櫻花，秋季楓紅的時候，搭配上古意盎然的建築，讓人不飲自醉。

鳥居是神社的標誌，也代表著神與人的分界。在日語漢字中，「鳥」指的是雞，所以鳥居就是「置放雞的木架」的意思。據說天照大神因為厭倦人世，因此躲在山洞裡避不見面，人間沒有太陽，莊稼枯萎，人也無法生活。於是有個聰明人想了一個辦法，蓋一個高高的木架，將公雞放到上面，公雞啼叫時天照大神聽聞外面的聲響感到好奇，於是推開石頭，躲在一旁的人們立刻順勢將石頭推開，世界就重啟光明。它的符號意義也象徵日本天皇，代表了日本天皇的權威，每

二年坂春天的櫻花。

一個來社參拜的大和子民，都得穿過象徵天皇的意象圖騰，心悅誠服的接受天皇的庇蔭與統治。

進入鳥居就進入了神居住的世界了。在京都伏見區有座以千枚鳥居聞名的稻荷大社，一座座鮮豔的橘色鳥居都是信徒的捐獻，日積月累下來成為鳥居隧道，也成為電影《藝妓回憶錄》的拍攝場景之一。宗教建築總是透過整體布局傳遞信仰內涵，說也奇怪，過了鳥居門，不用告示牌，靜謐的氣氛總是讓人自動的保持安靜，進入後通常迎面而來的是一條長長的參道，兩旁古松參天，能遮陰避暑，也讓參拜者急匆匆的心情能夠暫時緩和一下。

古老的參道多半都是鋪設碎石路徑，為了避免前來參拜時，所騎乘的馬匹排泄物玷汙了神社清幽的環境，所以在神社或寺廟外圍鋪上落馬石，就算是王公貴族，也必須在落馬石前下馬步行進入參拜，以表示對神明的敬意。再者，以往的神社寺廟都是王公貴族幽會與論政的好場所，落馬石也有防衛的作用，當有忍者要行刺王公貴族，行走在落馬石上所引起的聲響，便會先引起侍衛的警覺，讓刺客無法得逞，避免慘案的發生。庭園中鋪上它，還有利於排水，防止雨水積成雨窪，對衛生環境的維護也有幫助。

不可不知的參拜禮儀

在正式祭拜之前，神社旁邊都設有手水舍以供洗滌。只要拿起擱在一旁的木杓先洗左手，再洗右手，剩餘的水由左手緩緩送入口中後再吐去，就算完成了，千萬不要直接以口就杓，這是十分不禮貌的。洗滌的意義在表面上是清潔身體，但也藉由這項儀式象徵心靈的洗滌，也許也讓焦躁的心情以水獲得滋潤緩解。

其實手水舍的水通常透明清澈，喝起來冰冽甘美，許多更是著名的泉水，有人還會特地到各地神社來裝水，不管泡茶、煮飯都好吃。走到正殿後搖搖響器或擊掌數下吸引神明注意，以確保神明有仔細的聆聽祈禱，朝賽錢箱丟些香油錢，心誠的說出你的期望後，再擊掌兩下，就算完成了整個儀式。

如果覺得最近諸事不順，想擺脫惡運纏身，也可以花錢買個「御守」消災祈福，所求不外乎身體健康、戀愛順利、全家平安等，這些人類的基本需求倒是不分國界，沒有文化上的差異，世界各地不管信什麼宗教，幾乎都是如此大同小異的願望。人終其一生庸庸碌碌，到頭來最終追求的希望似乎也只是這些吧！

神社庭院中通常還可以看到掛滿木牌的架子，這是用來祈願的繪馬。神道教認為天照大神是騎馬來到人世間，因此在古代便有活馬獻祭的習俗，後來將活馬改為不同材質做成的馬代替。在京都的貴船神社，最後變成把馬畫在木板上，形成了今天所見的繪馬。每一間神社的繪馬至今都有屬於自己不同的圖形與風格。

京都必遊——清水寺

在京都最好的移動方式其實是騎自行車，可

以穿梭在小巷弄中，發現真正的京味。不管待在京都幾天，清水寺是每個人必去之點，這座日本古寺早在西元七九八年由慈恩大師創建，屬於法相宗，而現在的清水寺則在一六三三年由德川幕府第三代將軍德川家光重建，早已成為京都的標誌。全部的建築都是木構造，包括鐘樓、三重塔、經樓。

塔與佛教關係密切，印度佛教最早建塔是為放置釋迦牟尼的舍利，在佛教興盛的時代，各處都興建寺廟，有寺必有塔，為僧人修塔也成為對他修行的一種紀念與追思。日本佛塔是隨著佛教從中國傳入後開始建的，多以木構樓閣式塔為主，被稱為多重塔。

大殿前為懸空的「舞台」，由一百三十九根高數十米的大圓木支撐，沒有使用一根釘子，是眺望京都城景的最佳位置。日本有一諺語：「從清水舞台上跳下去」（清水の舞台から飛び降りる），用以形容破釜沉舟做某事，可見清水寺的深植人心。

寺內的地主神社是求戀愛良緣的聖地，每天都有絡繹不絕的遊客前來。這讓我不免好奇：在清水寺求的是斬斷塵緣，消除煩惱；地主神社卻幫人締結良緣，煩惱可能又由此而生。人真是一種矛盾的動物，有了不珍惜，沒有又拚命求。

清水寺知名的三重塔。

幽微的禪趣

日本庭園細微別緻，簡潔俐落，不僅出現在貴族豪宅，亦與寺廟結合，因為妝點布置的思想本來就是依循神道、佛教或禪宗中，自然與人的關係哲學所創造的庭園。包含了砂、石、水、島、橋、植物、石燈籠等元素，在庭園建築中，拉開扇門就是一景，還會隨著時間及季節的不同而千變萬化。

詩情畫意——金閣寺、銀閣寺

金、銀閣寺分列在城市的西北與東北角，是佛寺與庭園結合的代表性建築，都是室町時期足利氏幕府將軍所建。金閣寺本名鹿苑寺，因為寺內軸心建築「舍利殿」的外牆全是以金箔裝飾而得名；又名銀閣寺的慈照寺，並沒有貼銀，只是簡單的木造建築，據說因為經費不足沒有貼銀，也有人說是因為庭園中的枯山水，鋪滿了細白砂，取名為銀砂灘和向月台，月光映照將銀閣寺打上一片銀白，才有如此詩情畫意的意境。

銀閣寺出來不遠處的哲學之道，每年春天爆開的櫻花，落英繽紛，形成櫻花雨隧道；嵐山天龍寺也擁有極可觀的日本庭園，而旁邊那一排的竹林小徑，更是青翠深邃，禪意十足。

市區的二条城曾經是德川家康的寓所，德川家康的根據地在江戶，但首都及天皇在京都，所

左圖：嵐山竹林小徑。
右圖：銀閣寺的銀沙灘。

每年 11 月中的楓紅，也是京都必賞勝景。

以二条城就是大將軍在京都住的地方。這座城堡與日本近代史關係密切，因為一八六七年第十五代將軍德川慶喜就是在這舉行「大政奉還」，將政權歸還給天皇，展開日本現代化的明治維新。

如果寺廟神社古蹟看膩了，來杯日本綠茶解解膩。距離京都半小時車程的宇治，所生產的「玉露」及「抹茶」，是全日本最好的綠茶，京都極具代表性的冰品「宇治金時」，就是取宇治二字來代表抹茶。沿著宇治川步行，也可參觀同樣列名世界遺產的平等院及宇治上神社，跟京都那些不可錯過但卻人潮擁擠的景點比較起來，這裡更增添了詩意及文青氣息。

以抹茶聞名的宇治，亦有世界遺產。

雖然不是所有的京都神社都名列世界遺產，不過在京都，是不是世界遺產並不是重要的事情，因為整個城市的氣氛，對於古蹟的維護與保存，早已經跳脫制式的條約保護。城市居民的共識與自豪，才是這些文化遺產最好的保存方式。

我常想，在台灣也可以看到整排的櫻花及竹林，但是為何卻缺少了那份意境，難道真的是外國月亮比較圓嗎？我想不是，那是文化的厚度與積累所沉澱出的生活美學體驗，我們太缺少對於自我文化的認識與肯定，更少了一份氣定神閒的優雅與淡定。

［注意事項］

- 日本是個公共道德水準較高的社會。無論男女老少，一般人們都很注意維持和保護周圍的公共環境，並自覺地遵守社會公德。電車地鐵裡禁止撥打手機，且要求將手機調至靜音模式。在優先席附近則需要關閉手機電源。
- 國人喜歡至日本購買藥品、酒等物品，但入境時有所限制，相關規定請見關務署網站 http://web.customs.gov.tw。

［周邊景點］

◎美山町

日本有三大茅草屋聚落，分別是合掌村、大內宿與美山町；其中以合掌村知名度最高，但人潮與商業氣息最濃厚；而規模較小的京都府美山町，被日本人譽為「日本人心靈的故鄉」。

◎奈良

奈良是一座擁有千年歷史的文化古都，西元六至七世紀，日本在此建都。現存的平城宮遺跡和眾多的寺院神社，都可以反映當時日本文化的繁榮。東大寺、興福寺、藥師寺、唐招提寺、春日大社等七處古蹟均被聯合國教科文組織列入世界遺產名單。

04

寮國

龍坡邦古城

・項目名稱／龍坡邦古城（Town of Luang Prabang）
・登錄年代／一九九五年
・遺產種類／文化遺產

當地基本資料

國名	寮國（Lao People's Democratic Republic）
人口	六百五十九萬人
語言	寮語，旅遊地區大部分英語也能通
氣候	寮國氣候分為乾季和雨季。每年四到十月為雨季，十一月至隔年四月為乾季，氣候宜人，也是旅遊旺季。不過龍坡邦在山區，冬季早晚溫差大，記得帶件外套
簽證	觀光可使用落地簽證，照片兩張，費用30美元
匯率	1新台幣約合250寮幣（kip），但當地以美元兌換較為方便，銀行及路邊掛有Exchange的小攤都可兌換
時差	較台灣慢一小時
交通	台灣無直飛班機，前往龍坡邦可搭寮國航空和曼谷航空，在曼谷轉機。或搭乘越南航空，在河內轉機

在中南半島旅行，很容易聽到來自世界各地遊客對於寮國的稱讚。到底是怎麼樣的魅力，使得這個中南半島唯一內陸國如此受到青睞？在曼谷碰到的德國朋友跟我說：「寮國沒有觀光業帶來的商業習氣，人心純樸，就像它的國名縮寫PDRL（People's Democratic Republic of Lao）一樣：『Please Don't Rush in Lao』。」只有親自造訪後，才會知道：原來寮國是需要用心慢遊的，這樣方能體會當地的美景與良善人心。

／韶光停駐之地／

位於中南半島的寮國，是半島上唯一的內陸國家，雖不靠海，卻又得天獨厚的有著湄公河浩浩湯湯流經，許多重要城市皆沿河興建，寮國第二大城的龍坡邦（Luang Prabang，又譯「琅勃拉邦」）亦是如此。雖號稱第二大城，但與其說它是城市，不如說是小鎮，而且似乎是個光陰停滯、擁有精緻廟宇的歷史小鎮，更重要的是保存著一種美好時光的感覺。

十四世紀前，來自柬埔寨的真臘王朝統治著整個寮國，直到西元一三五三年，國王法昂（Fa Ngum）才建立寮國歷史上第一個統一的封建極權國家：瀾滄王朝，其意為「百萬大象王國」，並建都於龍坡邦。從那時開始，為了建立強大的中央政權，便將逐漸發揮影響的佛教定為國教，取代了原本的印度婆羅門教，一直到一五六〇年，國王將都城遷到萬象（今日首都永珍），龍坡邦始終是佛教信仰中心。

如今來到龍坡邦，城市有種沒落貴族的感覺，但以寺廟為主的古舊建築掩藏不住曾經有過的光輝。就算之後王朝分裂為三，在此的龍坡邦王朝在文化上依舊延續璀璨亮麗，也成為十九世紀末法國殖民統治時的重要城市。而龍坡邦在一九九六年被聯合國教科文組織評定為

左圖：湄公河夕照。
右圖：色彩豐富的寮國紙傘。

東南亞保存最好的古老城市，列入「世界文化遺產」名錄保護。

寮國與柬埔寨、越南三國在一八九三年到二次大戰前，都同為法國殖民地，是法屬印度支那的一部分，自然保留了些法式建築。這些建築現在分作不同的用途，有的是政府機關，有的是旅館，有的則是讓人時空錯亂的南法麵包小舖。走在主要街道 Sisavangvong 大道上，距離現在也還不到一百年的時光，但卻已經有了揮也揮不掉的歲月感。

除了距今最近的法式建築外，見證殖民時期的歷史外，龍坡邦的特色當然就是廟宇眾多，大大小小的廟在最盛時期曾經多達六十六間，至今仍遺留下來的，雖然僅剩三十二座，但也都呈現了寮國寺廟的精華。沿階梯登上海拔三百七十二公尺的普西山，是龍坡邦的最高點，山上有座蓮花含苞待放形狀的塔，在陽光照耀下熠熠生輝。

從這裡鳥瞰夾在湄公河與康河之間不算大的市區，在一片綠意盎然中，可以瞥見佛寺的金色飛簷，整個城市感覺十分平靜祥和。從反方向下了普西山，便來到昔日的皇宮，建於一九〇四年的王宮，是法國政府送給寮國國王的禮物。這裡沒有恢弘磅礴的氣勢，反而有種小國寡民的況味。現在的皇宮是間博物館，和大多數的皇權一樣，昔日的門禁森嚴變為現在的門庭若市（旁邊有早市和觀光夜市）。裡面展覽著許多國家領導人贈送給寮國國王的各種珍貴禮物，收藏豐富；也陳列國王的寶座、御轎，四面牆上掛著寮國民族起源與民間傳說的彩色玻璃鑲嵌畫，光彩奪目。

最美的寺廟——相通寺

龍坡邦是個適合散步的城市，我安步當車，享受慢條斯理的氛圍。走到 Sisavangvong 大道底端，就是賽耶塞塔提臘王朝時期的相通寺（Wat Xieng Thong，或譯「香通寺」），是在一五六〇年為了膜拜當地一棵神樹而建，被讚譽為整個龍坡邦最美的寺廟。相傳古時有兄弟倆隱士，從遙遠的地方一路風塵僕僕來到這裡，發現當地有棵巨大無比的金樹，感到十分驚喜，心想這裡一定是地靈人傑之地，便在此地立樁標界建城，取名「相通」，意思是「金樹之城」，後來成為瀾滄王國的都城。

相通寺的建築特性也自成一格，成為龍坡邦式建築的代表。龍坡邦式佛寺的人字型大屋頂建築，三層屋簷低垂至幾乎觸地，兩端高翹，四面飛角，殿牆低矮。而屋頂中央有類似王冠般的金色裝飾，屋簷尖端還有水神納加（Naga），也就是龍的圖案，在底下仰視，頗有飛龍竄天之感。黑底金花的壁面十分華麗，廟的後牆是用彩色馬賽克鑲嵌而成的生命金樹，有些還鑲有閃閃發光的玻璃鏡片，雖是寺廟，卻呈現出一種低調的奢華。

寮國人常常選擇向陽、通風、地勢較高且環境優美的地方作為建寺之地。寺廟不僅是僧侶們舉行佛事的場所，也是善男信女的朝拜聖地，更是進行文化教育的中心。過去寮國許多的官辦和民辦學校，只有有錢人的子弟才能入學就讀，而寺廟為窮苦大眾開辦免費的識字班，經書就是課本，僧侶便是老師。有些懂得醫學的僧侶，常用草藥或民俗療法為百姓治病，德高望重的僧侶也往往是調解民間糾紛最有權威的人，僧侶在社會上享有的地位非常崇高。因此，「佛、法、僧」被視為寮國人的三寶，每當遇到困難和不幸時，寮國人就靠祈福和信仰得到保佑。

／施受相安，化緣勝景／

寮國男子一生中都必須出家剃度當一次和尚，至於當多久則沒有明確的規定，而還俗後也可再出家，也有終身為僧不還俗的。如果一生中沒有出家過，就會被視為「生人」（意即未受過禮教的人），而被人們所蔑視。

所以在龍坡邦，除了仔細端詳寺廟建築與彩繪外，每天早上的僧侶托缽化緣，也是此間著名的文化活動。往往天還沒亮，古都就被窸窸窣窣開始蠢蠢欲動的聲音與氣氛所喚醒，街道上走動的黑影幢幢，都是早起要看僧侶托缽化緣的遊客。只見天色在啼叫不已的雞鳴聲裡，才剛剛透出一絲魚肚白，已經在廟裡做完早課的僧侶們，穿著橘色袈裟，有秩序的背著托籃魚貫從寺廟中赤足走出，在街道兩旁跪地的信徒早就已經備妥奉獻的物品，一個接一個奉獻給走到自己面前的僧侶。不管是搓揉成一團團的糯米飯，或是其他的食物，當地和不遠千里來自泰國的信徒們，每一位都是莊嚴神情中帶著給予的喜悅。

僧侶、信眾和遊客，三種不同目的與不同身分的人各自排成三條直線，人數雖然多卻寧靜，除了僧侶赤腳踱過沙地的摩擦聲，以及遊客此起彼落按下快門的聲響外，彷彿就聽不見其他的聲音了。所有的人會告訴你在這過程中可以照相，但請記得把閃光燈關閉，避免影響這樣的虔誠與祥靜。雖然我並沒有特別的宗教信仰，但看到這幅場景，任誰都會有著一股從心裡翻轉出來的感動。僧侶們回到寺廟，將化緣得來的食物平均分配，他們恪守過午不食的戒律，在中午前進食完畢，日復一日，過著這般清修的生活。

／清新混搭風的寮式美食／

我在龍坡邦的生活似乎也被這份清簡感染，雖然只是遊客，但頗喜歡寮國人日常生活所食，維持一貫純樸自然感覺，細細咀嚼卻能吃出簡單料理的食物原味，這倒與近幾年風行的「慢食」精神不謀而合。

在古都閒散的一天，可以從一根法國麵包開始，這也是法國人離開後遺留下來的產物之一。法國麵包經寮國人改良的創意吃法，可以夾上甜鹹不一的餡料，或者只配上一杯寮式咖啡，就是一頓神清氣爽的早餐。

在寮國喝咖啡，沒有像星巴克這樣的連鎖店，多半都是在路邊的小攤販賣。就在沿湄公河畔的早市裡，有間大樹下的咖啡店生意特好，圍繞攤位的長板凳上始終坐滿人。一杯折合台幣約九塊錢的咖啡，溫暖了許多人的味覺。這裡沒有講究的骨瓷咖啡杯，黑色液體就盛裝在普通玻璃杯裡；也沒有複雜難懂的咖啡機，從木柴加熱的鍋中舀起一杓滾水，沖過簡單的濾網，就是寮式咖啡。它不加奶精不加糖，反而是用煉乳取代，一層煉乳一層咖啡，端到眼前時黑白分明，攪勻後喝起來有股濃重且獨特的炭燒風味。桌上的小蛋糕、切段的法國麵包、中式的油條，都能拿來配咖啡，沒想到食物也有不同文化的混搭風格。

寮國亦是以米為主食，但糯米才是主角，多半放在小竹簍中保持濕潤。用餐時以右手捏成一顆顆剛好送入口中的飯團，再搭配以煮和烤居多的菜色，蘸著煮物的湯汁，或就著烤肉烤魚，喝著寮國自己生產的啤酒，就是酒足飯飽又物美價廉的一餐。

1955
BOAT
Service
MONEY

難忘慢活滋味

不只是我，許多遊歷各國的遊客在造訪東南亞不同的城市之後，無不懷念龍坡邦的一切人事物。這個安靜的小鎮，比起東南亞其他著名的城市，沒有什麼值得傲人的大景點，但是如果你喜歡慢條斯理的享受生活，細細咀嚼其中散發的味道，那這裡肯定不會讓你失望！

[注意事項]

· 洗手間需給小費，請準備一些零錢。
· 進寮國寺廟不能露肩膀，當地也會提供披肩出租的服務。
· 某些觀光景點，攜帶相機或攝影機需另加買門票，請記得索取收據。
· 寮國主食以米飯（糯米）為主，味道甜、酸、辣。糯米飯加上鮮魚、蔬菜便可打發一頓。寮國人用餐一般都不使用刀叉和筷子，而是慣於用手抓飯。
· 寮國為外匯管制國家，美金現金 100,000 元以上應申報。

[周邊景點]

◎市區托缽化緣

主要街道 Sakkaline 路上，寺廟林立，天剛亮的半小時內，由各寺廟德高望重的和尚帶領小和尚們沿街化緣。

◎巴烏溶洞群（Pak Ou Caves）

包括 Tham Ting 和 Tham Phum 兩個古洞，裡頭有非常多的小佛像。Sakkaline 路上每一家旅行社都有賣到古洞的票，一般是搭船沿著湄公河前往。

◎關西瀑布（Kuang Si Waterfall）

位於龍坡邦南部約二十九公里，是龍坡邦的旅遊勝地。瀑布發源於峭壁上的一個淺池，並形成一個五十公尺梯度的主瀑布。瀑布的水落下後匯集成大量青綠色的水池。

歷史的刻印

波蘭・奧斯維辛集中營
土耳其・卡帕多奇亞
印度・大吉嶺登山火車
中國・澳門歷史城區

01

波蘭

奧斯維辛集中營

・項目名稱／前納粹德國奧斯維辛——比克瑙集中營（Auschwitz Birkenau German Nazi Concentration and Extermination Camp）

・登錄年代／一九七九年

・遺產種類／文化遺產

當地基本資料

國名	波蘭共和國（Republic of Poland）
人口	約三千九百萬人
語言	官方語言為波蘭語，英語亦普及，德語為第二普遍使用之外國語
氣候	波蘭氣候為大陸型溫帶氣候，冬天寒冷、夏天涼爽
簽證	目前赴歐洲免簽證，但並非表示可無條件進入申根區停留。國人以免簽證方式入境申根區時，移民官可能要求提供：旅館訂房確認記錄與付款證明、回程機票以及足夠維持旅歐期間生活費之財力證明等，建議預先備妥並隨身攜帶
匯率	波蘭尚未加入歐元區，現行通貨為茲羅提（Zloty，一般以 PLN 表示）。1茲羅提約合8.3台幣（1美元約合3.85茲羅提）。
時差	其中日光節約時間每年三月最後之星期日至十月最後之星期日，較台灣慢六小時；其他月份為慢七小時
交通	可搭乘航班前往波蘭首都華沙，或是在歐洲各大城市轉機前往華沙、克拉科夫、波茲南等大城

來到波蘭南部的奧斯維辛集中營，雖然早就知道納粹屠殺猶太人的歷史，但第一次「看到」這座集中營卻是在日本電視劇《白色巨塔》裡。唐澤壽明飾演的財前五郎利用去波蘭參加醫學會議的空檔，來到這座納粹集中營參觀。雖然只是透過影片，但導演試圖在空盪的集中營裡，顯示人性的醜惡與拉扯，電視劇情與真實歷史交錯糾結，無形的壓力與灰濛濛的天空，雖不身在當地，依舊壓得看電視的我喘不過氣來。不過當時的我還是下了一個決定，有天一定要去這地方看看。看甚麼呢？當景點看還是嚴肅的面對歷史傷痛？

／我們不如自己所想的文明／

雖說人不分族群生而平等，這樣一個偉大的普世價值揭櫫於世，應該沒有人不認同的，但審視歷史，種族之間的摩擦與歧視，並沒有隨著文明愈進步而有所改善，一次世界大戰後民族國家的興起，當代南非、美國白人與黑人的衝突、台灣歷史上漢人看待原住民為番的鄙視、鄂圖曼土耳其滅絕亞美尼亞人、阿富汗的普什圖族民族隔離哈札拉人、盧安達的胡圖族屠殺圖西人，不勝枚舉的例子，在在都顯示偏見與歧視如鬼魅般纏繞著我們，但這是平常藏在心中，不會被提起的禁忌，往往在潘朵拉的盒子被打開時，仇恨取代理性，成為最廉價判斷是非敵我的標準。

最為人熟知的血腥殘暴、不忍卒睹的種族屠殺當然是二次大戰期間的納粹屠殺猶太人，保守估計六百萬人被殺害。如今若是提到這段悲慘的歷史，不分國界族群總是不假辭色譴責這場人間悲劇，戰後的德國至今背負這段原罪，以此當作電影、戲劇題材緬懷反省的不知凡幾，像是《辛德勒的名單》、《美麗人生》等，但可惜的是，如同德國哲學家黑格爾所說：「人

上圖：受難者的照片。
下圖：電網成為自由與被奴役之間的界線。

類唯一從歷史當中得到的教訓，就是沒有得到任何教訓。」歷史總是毫無意外不斷重演，而當年的被害者猶太人如今重回迦南之地，更是如法炮製對待巴勒斯坦人，恃強欺弱的態度一點也不手軟。

到底人類從歷史當中獲得了甚麼呢？也許人類尚未脫離茹毛飲血的日子，只是用道德暫時披蓋住了弱肉強食的本性。

當我真實的站在這座位在波蘭南方小城奧斯維辛集中營的門口，雖然當天是個晴朗的好天，但沉重的氣氛一踏進園區，就結實的籠罩在每個遊客的身上。奧斯維辛集中營是德國納粹時期從一九四〇年起建立的勞動營和滅絕營之一，集中營的第一批受害者是波蘭的政治犯，事實上，它最熟為人知的是對待猶太人慘絕人寰的歷史，除了歐洲國家的猶太人外，還有吉普賽人、波蘭人和蘇聯俘虜也在這裡遭受人生中的最後凌虐，下場都是悲慘的，有一百一十多萬人在這裡告別人世，眾多的臉孔是模糊的，但他們都不應該被遺忘。

左圖：集中營內部景況。
右圖：以往戒備森嚴的集中營。

大環境下的代罪羔羊

身為雅利安民族的希特勒為何這麼憎恨猶太人呢？反猶太追溯自羅馬時期，尤其基督教變成歐洲的顯學之後，猶太人始終相信彌賽亞救世主不是耶穌，而且慫恿羅馬總督殺死耶穌的正是猶太人；猶太人有悠久的歷史卻無固定的國土，希特勒認為高級民族該有歷史與國土，從這角度來看，猶太人當然不是；而且猶太人把持經濟，當德國在一次世界大戰戰敗，再加上經濟大蕭條，這時把一切過錯都推到猶太人身上，當然再便宜行事不過了，找出假想敵是解決問題的最好方法。這與今日各國處理移民問題時，右翼人士所持的觀點不謀而合：移民會搶走我們的工作，會破壞我們的環境，於是掌權者設下一層層關卡堡壘，看似阻擋了人流，實則禁錮了自己的心靈。缺乏溝通了解，當然解決問題最好的方式就是喚起民族主義與對方一刀兩斷。

許多人總覺得這是希特勒一個人失心瘋的作為，一個有歌德、康德、貝多芬的民族何以如此滅絕人性？不過別忘了，他是透過選舉被賦與權力，得到統治的正當性，當下每個人都是不出聲的應從者，凸顯出人性未經思考的集體盲從。當沉默大眾愈來愈多，當媒體掌控大眾的思維，宣揚國族主義時，錯的都能被合理化成對的，黑的都能漂洗成白的，災難就發生了。在二〇一五年奧斯維辛集中營紀念解放七十週年的活動上，一位倖存者說：「如果我有能力，在十誡之外加上第十一條，那將會是：汝等永遠、永遠不該成為旁觀者。」

難以面對的傷痕

猶太人的後代來到這裡會是怎樣的心情？
面對這樣沉痛的過往，是寬容或是懷恨？任誰來回答這問題都太難！

／殘酷的「物化」，BLUE的心情／

奧斯維辛集中營主要分為三大區域：一號營奧斯維辛集中營，是最早建立的，也是當時的管理行政中心；二號營比克瑙集中營，是最主要的「滅絕營」，納粹修建了三百座木排房。由於火車可以直接停留在比克瑙集中營，也成為收容人篩選地。設有行刑場及毒氣室，可進行大規模屠殺；三號營莫諾維茨集中營，最主要的目的是對收容者進行極為嚴苛的工作、集體處決或是進行不人道的人體實驗。

收容人從歐洲各地被卡車及鐵路直接送往集中營，再由集中營醫生對其以種族、宗教、同性戀者、性別、年齡等類別作初步篩選。大部分的猶太人、婦人、兒童、老人或是被判斷為沒有價值的人，則會直接送往刑場或是毒氣室殺害。初步篩選後，收容人立即被剃去頭髮、消毒、拍照建立檔案，並在收容人身上刺上編號藉以確認收

左圖：一棟棟磚房，如今已成為展示館。
右圖：大羅地網。

容數量。行李財物皆被沒收，成為納粹德國的戰爭資源。

走進奧斯維辛一號集中營，二十八棟紅磚砌成的兩層樓房依序排開，陽光灑下來但並沒有讓旅人帶來任何開朗歡愉的感覺，想到這裡發生過的事，心仍然蕭瑟不已，雖然參觀的遊客不少，但大多數的人都是默不作聲靜靜參觀，雖是開放空間，但明顯每個人都籠罩在情緒低氣壓中，這是我參觀世界遺產從未有過的體驗，就好像是一記悶拳打在心窩，想叫又叫不出來的那種難受和震撼。原本關在這裡的人數在一萬三千到一萬六千人之間，現在則作為博物館，控訴納粹暴行的證據。

建築物裡面是不能拍照的，理由是為了尊敬死去的人們。裡面除了圖示或照片說明當時集中營的情形外，更令人頭皮如觸電般發麻的是往生者堆積如山的頭髮、義肢、眼鏡、梳子、鞋子、提箱、假牙、鞋油，還有用死者頭髮編織的毛毯等，每種都放置在單獨的玻璃櫃內，每一個物品都是一條活生生生命的連結。每逛一間心情有如綁上了錨，低盪的無以復加，雖然已是歷史，但許多人依舊眼眶泛紅，不用禁止照相，因為這裡讓人連舉起相機的力量都沒有了。

鐵門上懸掛著的三個德文單字：Arbeit、Macht、Frei，意思是「工作換取自由」，如今看來極為諷刺，被送進集中營的人無論是如何辛勤工作都無法自由。人在這裡失去了身分，只剩號碼，連容身之處也是用數字編號，徹底的符號化。

在這裡勞動的目的只是消耗收容人的精力，折磨他們的意志力，有時候被要求在早上隨意地挖一個洞，而在下午填補同一個洞口，諸如此類沒有意義的工作，完全取決於德國軍官當天的心情。具有專門的技術或是知識的人會被要求生產在戰爭進行中所需要的生產材料和戰爭武器，

左圖：「工作換取自由」，過了這個門，自由就不見了！

右下：通往集中營的鐵軌上，至今仍時常有人獻花。

右下：通往集中營的鐵軌上，仍時常有人獻花。

但在惡劣的環境、消沉的意志與營養不足的情況下，最終還是難逃一死。

毒氣室是大多數人進到集中營的最後一站。德國軍官會騙猶太人說要去毒氣室洗澡，事實上布置也如同淋浴間，最後一刻德國人都不放棄種族清洗，毒氣室旁就是焚燒屍體的焚化爐，同樣令人不勝唏噓。

奧斯維辛集中營反映出二十世紀人類文明大崩壞的原因：極權主義和仇外主義，時間早已邁入二十一世紀，但現今世界面臨的問題似乎未曾改變。一九九四年，德國議會通過《反納粹與反刑事罪法》，禁止以任何形式宣傳納粹思想或否認大屠殺，否則嚴懲。在這場慘劇中，唯一值得慶幸的是，德國透過不斷的反省，彌補過去的傷害，有多少國家依舊只求利益，繼續讓仇恨在族群間滋生蔓延。

這天，天很藍，但我的心情卻很 BLUE。

注意事項

· 自來水石灰含量高不宜生飲，波蘭人多購買瓶裝水飲用。
· 天主教的影響在波蘭無所不在，要注意禁忌。

周邊景點

◎克拉科夫（Krakow）

克拉科夫是波蘭的舊都，是波蘭最重要的旅遊都市。有無數內部裝潢華麗的歷史建築、宮殿及教堂。克拉科夫的歷史地區在一九七八年被列入世界文化遺產名錄，老城風景多姿多彩：包括著名服裝大廳在內的大市場，四周環繞著教堂、修道院、鐘樓和方塔，城市周圍是十七和十八世紀建造的一系列富戶宅院。

◎維利奇卡鹽礦（Wieliczka Salt Mine）

位於克拉科夫附近，是一個從十三世紀起就開採的鹽礦，是歐洲最古老的類型。鹽礦有三百二十七米深，超過三百公里長。鹽礦中有房間、禮拜堂、和地下湖泊等，還包括用鹽礦為材料建造的祭壇和神像雕刻，宛如一座地下城市。

02

土耳其　卡帕多奇亞

‧項目名稱／哥萊美國家公園及卡帕多奇亞岩石區（Göreme National Park and the Rock Sites of Cappadocia）
‧登錄年代／一九八五年
‧遺產種類／自然、文化遺產

當地基本資料

國國名	土耳其共和國（Republic of Turkey）
人口	約八千萬人
語言	土耳其文。旅遊區英語相當流通
氣候	土耳其地中海沿岸屬地中海氣候，夏季乾旱炎熱，冬季濕涼。黑海沿岸全年都較潮濕。中部高原則屬大陸性氣候，季節溫差大，東部冬季極端低溫可跌至零下四十度，夏季極端高溫卻可升至攝氏四十五度
簽證	採線上申請（申辦網址：https://www.evisa.gov.tr/en/），費用24美元，限單次進出，停留期限三十天
匯率	1土耳其里拉約合11新台幣。（1美元約合2.9土耳其里拉）
時差	較台灣慢六小時，自四月至十月底日光節約時間慢五小時
交通	目前有土耳其航空的班機可從台北直飛伊斯坦堡

驚豔・土耳其

土耳其是一個橫跨歐、亞兩洲的國家，大部分屬高原地形，國土97％在西亞的安納托利亞，3％在巴爾幹半島的東色雷斯地區。而卡帕多奇亞，正位於安那托利亞高原中央位置。不甘於高原的平淡無奇，這片土地上製造了令人驚豔不已的地形景觀。

童話中的地下城

土耳其本來就位在多個板塊交會之處，因此當然有地震及火山，在數百萬年前，阿拉伯板塊與安納多利亞板塊碰撞產生推擠時，使得鄰近海拔三千九百一十六公尺的爾席耶山（Erciyes）及哈珊山（Hasan）開始持續大量噴發，厚度一百至一百五十公尺的細密火山灰鋪滿在此區域，層疊的壓力最後硬化成鬆軟多孔的火山凝灰岩，而來自地底深層的岩漿，覆蓋其上成為相對堅硬的玄武岩。卡帕多奇亞夏冬日夜溫差極大，熱脹冷縮使得玄武岩從節理處裂開，水得以從裂縫處流入，日積月累形成差異化侵蝕，再加上風蝕作用，更加速了此地特殊地景的塑造。一九八五年聯合國教科文組織將其列為世界「自然、文化」雙遺產，這樣的頭銜更造就了當地觀光事業的發達。

這片因為火山噴發與侵蝕作用形成的大地，也帶來了肥沃的土壤，樹木、葡萄、蔬菜都很容

易生長，因此早在西元前八千年，就有人類於此定居。一般相信這裡是第一支會使用鐵的民族——西臺人的發源地，歷經了西臺帝國、波斯人、希臘人的統治，在西元前十七年，羅馬皇帝提比略將它變為帝國的一個行省。

不過今日眾多遊客慕名來到這裡，觀看的不僅是地景帶來的視覺震撼，更多奇景隱藏於地面下的洞穴中。看似荒蕪的石柱地表，穴居者曾建造屬於自己的地下城市，把家和宗教信仰都建立在這有如月球表面的地貌上。從羅馬帝國早期開始，這裡就成為被迫害基督徒躲避的空間，到了七世紀，為了躲避信奉伊斯蘭教的阿拉伯人，更多的基督徒在此避難居住，他們發現這些外表堅硬的石頭並不如想像中的紮實，反而很容易雕鑿出地底空間，因此發展出絕無僅有的地下城市與教堂，雖然在地底與岩石中，但生活機能完整，馬廄、鴿舍、酒坊一應俱全，除了易守難攻之外，住起來更是冬暖夏涼。直到現在，還是有人居住在這種看來像是童話故事精靈所住的房子中。

目前卡帕多奇亞挖進地底的地下城市已經發現三十六座，彼此間還有地道相通，如果難以想像，就想想看螞蟻在地底的窩穴吧！從內夫謝希爾（Nevsehir）附近對外開放的卡馬科爾（Kaymakli）鑽進地下城的低矮洞口，原本還能站直身子，但愈往下走去，就不得不低頭了。地下城市的居民平常在地面上生活，遇到有危險時才會躲進去避難，每個地底城市的胃納量不同，這裡最多可容納一萬五千人躲進去，維持一週的生活不成問題。

上圖：農村婦女。
下圖：洞穴裡的生活。

等待熱氣球下降的工作人員。

／身居陋地・心在天堂／

不管居住在哪裡，精神信仰的支持應該才是此地居民能夠對這樣的環境長久甘之如飴的最大支柱吧！基督教早期的發展跟卡帕多奇亞所位處的安那托利亞高原有著緊密的關係。在耶穌死後，基督教依舊被羅馬帝國視為異端，因此傳教的重點區域便來到天高皇帝遠的小亞細亞地區，有「外邦人的使徒」之稱的使徒保羅在小亞細亞建立多個教會，由於基督教東傳的關係，進而使得高加索地區的亞美尼亞在西元三〇一年將基督教定為國教，成為世界上第一個基督教國家，早於後來的羅馬帝國。而使徒約翰更在耶穌被釘上十字架受死之時受耶穌的重託，奉養耶穌的母親瑪麗亞。瑪麗亞的晚年餘生便是在小亞細亞以弗所度過的。

見多了精美壯觀的大教堂，在卡帕多奇亞卻有別處找不到的洞穴教堂，是西元四至十二世紀基督教徒所建造，同樣具有良好的隱藏效果，從外面看不出是教堂，信徒白天在外工作，晚上回到教堂做禱告，讓身雖居陋地，心卻能上天堂。

卡帕多奇亞至少還能找到一千座小教堂。踏著已遭歲月磨損的石梯，可以爬進一個又一個洞室。岩石被巧妙地挖鑿成帶有穹頂、圓柱和拱門的十字形狀；洞壁、穹頂和圓柱上，到處裝飾有美不勝收的壁畫，把民間傳說和東方宗教同聖經裡的福音故事摻混在一起。在澤爾弗峽谷兩邊的懸崖上，也被鑿成滿是教堂的建築，有禮拜堂、齋堂、廚房和臥室等，連祭壇、餐桌和傢俱都是石頭製成的。在南部荒涼幽靜的伊拉拉谷地，河流兩岸的崖壁有一百五十米高，上面密布著小教堂、神龕和修道室，綿延十公里。

這些洞穴教堂，因為後來基督宗教在此地的式微曾被遺忘，直到二十世紀初鄂圖曼帝國強徵男人去當兵，有人逃到洞穴裡取暖避寒時，才再度重現世人眼前。教堂與壁畫在哥萊美（Goreme）露天博物館最為精采，區內的幾座教堂很有特色，原先教堂名稱不可考，現在名稱都是後人所取。

像是「蘋果教堂」內部的溼壁畫相當可觀，鑿石而成的石柱拱頂上，以紅色為主，畫滿了十一世紀中至十二世紀初的作品，內容是基督的一生。關於此教堂為何取名「蘋果」？來源眾說紛紜，有人說附近正好有蘋果樹林，有人說石牆上基督的手勢看起來像蘋果，也有人說以前石牆上畫有基督手拿蘋果的濕壁畫。

聖芭芭拉禮拜堂（Chapel Of St.Barbara）的壁畫以紅色顏料及幾何象徵圖形來崇拜上帝，是西元八世紀禁絕偶像崇拜時期所留下的，常以十字架當作基督的象徵，有一種古樸簡單的美感。

冉冉上升的熱氣球。

狹長的蛇教堂（Snake Church）則以一幅聖喬治屠龍為主圖，這條龍像蛇，所以教堂以此為名。蛇教堂又叫聖安諾菲莉歐斯教堂（Church of St. Onuphorius），聖安諾菲莉歐斯是傳說中的埃及聖女，由於長得太美，不斷遭到男人的騷擾，使她無法專心修道，她不斷向神祈求，終於如願，她的臉長滿了鬍子，在沙漠以腰布為衣，以椰棗為食，過著簡樸生活，於是被晉封為聖。

觀賞卡帕多奇亞的最好角度是從造物者的視野，也就是空中鳥瞰。這裡的熱氣球行程行之有年，雖然所費不眥，但絕對值得。熱氣球通常在清晨升空，這時氣流穩定，飛行過程也就比較安全，更能從空中觀看這片驚奇大地的日出情景，無怪乎卡帕多奇亞會被列為世界七大奇景中唯一一個屬於自然遺產的部分。

當火焰嘶吼燃起的時候，不知不覺也燃起內心的熱情，每個人臉上都明顯的被火光映照出喜悅與興奮。當熱氣球一個一個接連著升空，廣袤的卡帕多奇亞大地也近在眼前，日出的光線斜灑，像是觀賞一幅立體的地圖。領航員遇到可看的景點，也會升高或降低氣球的高度讓大家欣賞與拍照，在岩壁中雕鑿出的房間似乎也觸手可及。

相看兩不厭

經過風霜歲月的地景，加上人類的想像力，於是企鵝岩、駱駝岩、香菇岩一一被取名。一天當中，隨著陽光角度的不同，岩層透出瑰麗般的赭紅或是大地般的土色，不管怎麼看，都是層次分明，怎麼看都不厭倦。

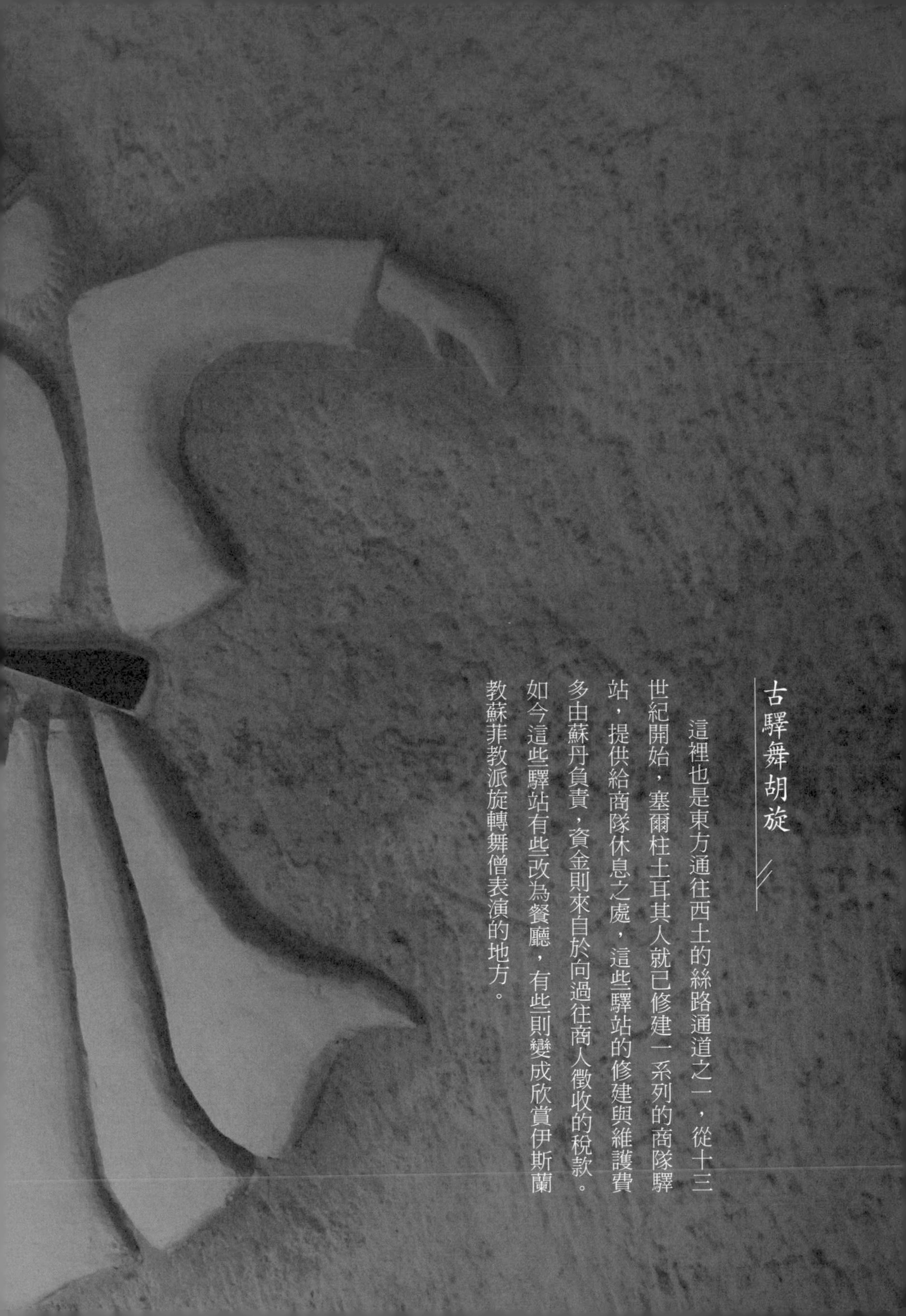

古驛舞胡旋

這裡也是東方通往西土的絲路通道之一，從十三世紀開始，塞爾柱土耳其人就已修建一系列的商隊驛站，提供給商隊休息之處，這些驛站的修建與維護費多由蘇丹負責，資金則來自於向過往商人徵收的稅款。如今這些驛站有些改為餐廳，有些則變成欣賞伊斯蘭教蘇菲教派旋轉舞僧表演的地方。

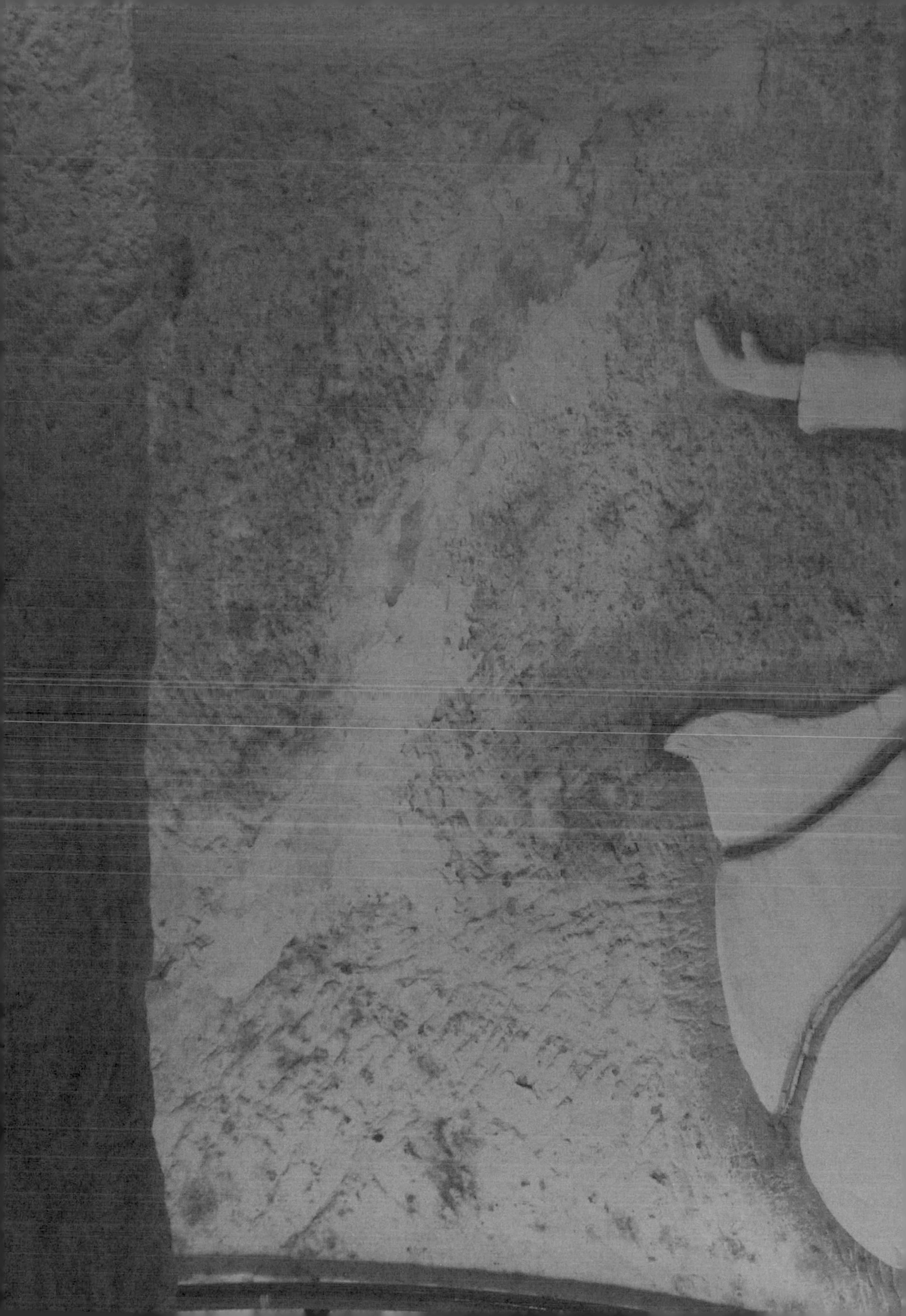

蘇菲教派（Sufi）是強調透過自我修行，追求精神層面提升的伊斯蘭派別，最具代表的形象即是僧侶穿著白色長裙旋轉飛揚，這是十三世紀的一代宗師魯米所創。舞僧穿著長白袍與黑斗篷出場，白袍代表裹屍布，黑斗篷是陵墓，頭上還帶著象徵墓碑的羊毛氈高帽，配合著鼓聲、笛子以及吟誦的可蘭經節奏，脫下黑斗篷表示從世間事物中獲得解脫，然後右手朝上接受天堂的祝福，左手朝下與大地溝通，旋轉的身體就是一個小宇宙。在以往，因為這是私密的宗教儀式，並不開放觀賞，但隨著旅遊業的發達，遊客愈看不到的愈想看，兩者才在現實與理想之間找到一個平衡點。這裡奉勸大家，千萬不要抱著看舞蹈表演的心情前來，因為它不會有炫麗的音樂，誇張的舞步，但若了解背後的宗教意涵，就算你不是穆斯林，一樣可以感受到宗教帶來的心靈平靜。

蘇菲旋轉舞。

看著白色舞裙翩翩，思緒也隨之入神放空。是的！心靈平靜，這是這個紛擾的世界最缺乏的，不同的宗教在卡帕多奇亞開枝散葉，相同的是不管在哪個時代，宗教始終有安撫人心的力量，這大概也是為何宗教能穿越時空，歷久不衰的原因。

［注意事項］

· 紀念品可以殺價，但是折扣有限。不買請不要亂出價，若出價對方接受，請務必要買，以免造成不快。
· 土耳其人以熱情聞名，一定會有些人藉機攀談、搭訕，若覺不妥不要去理會即可，但是也別拒絕真正熱心幫你解決問題的好心人。當地的治安相當穩定，對觀光客也相當禮遇，但仍須注意個人的貴重物品與證件。

［周邊景點］

◎安卡拉

為土耳其首都，有著豐富的歷史文化色彩。城市中四處可見自西臺人（Hittite）、弗里吉亞（Phrygian）、古希臘、羅馬、拜占庭和鄂圖曼帝國遺留下來的古老城堡和遺址。安那托利亞文明博物館及土耳其國父凱末爾陵寢是必去景點。

◎哈圖夏（Hattusa）

對古代西臺帝國有興趣的人，一定得來到哈圖夏朝聖。哈圖夏正是西臺帝國的首都，如今被列為世界遺產，除了哈圖夏城牆遺址之外，還包括附近亞茲里卡亞（Yazilikaya）這個宗教勝地的岩石雕刻。哈圖夏的城牆綿延達七公里，最引人注目的就是獅子門及宮殿神廟遺址。

03

印度

大吉嶺登山火車

・項目名稱／印度山地鐵路（Mountain Railways of India）

・登錄年代／一九九九年

・遺產種類／文化遺產

當地基本資料

國名	印度共和國（Republic of India）
人口	約十二點五億人
語言	印度為多元族群國家，至少有三十種不同的語言及兩千種方言。憲法規定印地語和英語這兩種語言為官方語言
氣候	每年的十月至次年四月是大吉嶺的最佳旅行季節，其間溫度適中，天氣晴朗，從旅館的露台上就能看到很美的雪山風光。五到九月是大吉嶺的雨季，但這時候的大吉嶺也是整個印度最涼爽的地方，適合避暑度假
簽證	可至印度—台北協會申辦（台北市基隆路一段333號2012室／02-27576112）。須備護照正本、身分證影本及二吋相片一張，費用1300元；週一至週五09:30～12:00收件，隔日15:30～17:15領件，簽證效期六個月。也可採線上申請：https://indianvisaonline.gov.in/
匯率	1台幣約合2印度盧比（Rs.）。當地用美元匯兌較佳，1美元約合65盧比，機場、銀行都可兌換，但以路邊的Exchange最為方便
時差	較台灣慢二小時三十分
交通	包括新航、國泰、泰航、華航、馬航等多家航空公司皆有航班，飛往德里、孟買及加爾各答等主要大城

很喜歡一首土耳其詩人塔朗吉(Cahit Sitki Taranci)描寫火車的詩：

去什麼地方呢？這麼晚了。
美麗的火車，孤獨的火車？
淒苦是你汽笛的聲音，
令人記起了許多事情。
為什麼我不該揮舞手巾呢？
乘客多少都跟我有親。
去吧，但願你一路平安，
橋都堅固，隧道都光明。

其實這首詩，將月台上臨別送行的畫面，栩栩如生地透過短詩的形式傳達出來。月夜的車站，最後的一班夜行列車即將載著滿滿的乘客離去。即將告別的也許是親人，也許是愛人，都將在下一聲汽笛鳴起聲中暫時分離了。月光照在送行者陰鬱的臉龐上，送行者無法阻止汽笛再一次的響起，只好祝福。

蒸汽火車頭對我而言是很有吸引力的，免不了跟這種情緒有點關係。

火車・鄉愁的承載者

在旅行時眾多的交通工具中，我獨鍾情火車，之所以對火車有著如此特別的情感，其實和童年回憶有關。小時候總是喜歡趴在火車窗邊，聚精會神看著稍縱即逝的風景，也許就是因為如此，埋下今日喜愛旅遊的遠因。即使到現在，每當我出國自助旅行，必定會搭乘火車，不管是快速便捷的，或是破舊緩慢的，在車輪規律有節奏撞擊鐵軌的聲音中，總能增加旅行的興奮度，也是我體驗風土人情最好的方式。

其實小時候到底有沒有坐過蒸汽火車已經不復記憶，但打從認識火車開始，對火車的印象就是冒著煙的火車頭拖引著長長的列車，伴

N F
779

頑童自由上下老爺車。

隨著那不時發出的拉長噗噗汽笛聲，載著遊子回到或是離開故鄉。所以不只喜歡它那油黑發亮、厚重結實的造型，更因為在它烏黑的煙塵裡嗅到濃濃的鄉愁。

這個冒著蒸汽煙霧，引人愁緒的交通工具，除了許多的騷人墨客拿它作為題材外，令人印象最深刻的莫過於印象派大師莫內的一系列名畫〈巴黎聖拉撒爾車站〉，這幅畫的主題就是這個象徵神奇工業革命的代表物。被層層煙霧籠罩下的蒸汽火車頭緩緩進站，車站上方的棚架與遠方的房屋似乎都淹沒在蒸汽煙霧內，天空的雲朵和蒸汽煙霧揉和成一片，莫內用強調光影和透過熱氣與煙霧的形體模糊分解化的技法，在平面上構造出肉眼看到的形象，朦朦朧朧，更添蒸汽火車隱含的意象。

印度山地鐵路

印度的鐵路是在英國殖民時期，為了將印度的棉花原料運回英國而開始建造的，從一八五三年至今已超過一百五十年的歷史，總距離將近六萬六千公里，是世界第四大鐵路國。早期印度鐵路的軌寬分為四種，在車輛使用銜接上不符合經濟效益。如今大部分都已經完成規格統一化的工程。因為印度幅員遼闊，火車坐七、八個小時是家常便飯，因此在車上睡覺，起床後便能到達目的地，不浪費時間的臥鋪車廂，成為許多印度人與觀光客最喜愛的交通工具之一。

在世界遺產名單中，包含三條印度山地鐵路，第一條也最壯觀的是大吉嶺喜瑪拉雅鐵道；第二條是尼爾吉里山地鐵道，在塔米爾納都邦，長四十六公里的單向鐵路，一九〇八年完工，自海拔三百二十六公尺攀行至兩千兩百零三公尺高；第三條是卡兒卡希姆拉鐵道，九十六公里長的單向工作鐵路，十九世紀中興建提供山中小城希姆拉對外交通。

大吉嶺登山火車在一八八一年完工，軌寬比阿里山森林鐵路還窄，只有零點六一公尺，阿里山是零點七六二公尺，所以大吉嶺登山火車有個外號「Toy train」，看外型真的非常袖珍。為何要蓋的這麼窄呢？因為火車軌寬愈寬，轉彎時的迴旋空間也必須愈大，不過山上並沒有這麼大的腹地與空間，所以採取窄軌系統是必要的，再加上大吉嶺登山鐵路原本主要目的是運送茶葉，所以不用考慮舒適程度，窄軌建造成本較低，興建速度也快。也因為坡度陡的關係，從山下海拔僅一百公尺的西里古里到終站海拔兩千兩百公尺的大吉嶺，火車沒有抓地力強的輪胎，爬坡是極大的挑戰，因此大吉嶺登山鐵路創世界之先，採取了螺旋狀和之字形的路線減小坡度，阿里山火車也是用同樣的原理翻山越嶺。

／不簡單的「玩具火車」／

這輛玩具火車頭小雖小，還是得許多人伺候它。司機員是真正的機械動力時期鐵道人，比起現在不帶勁的電力火車，他們有滿腹的牢騷與故事，拉動汽笛似乎告訴世人人與火車依舊老而彌堅；司爐掌管動力的控制，動力的來源是燒煤讓鍋爐沸騰，產生力量驅使火車前行。

不要以為這不過就是把煤鏟到火爐裡罷了，過動的車頭永遠都是考驗技術與經驗的試場。他必須得在掀開爐口的那一剎那，快速判斷手中那一鏟煤要擲向哪個區塊，才能發揮最高能源效益；面對十分窄小的爐口，又該考慮如何準確的將燃煤送入爐口而不掉渣。因為掉渣不但浪費能源，更可能一不小心踩到燃煤而使自己滾落車下。有興趣者可以在家試試看，每鏟近一公斤的煤量，怎麼樣才能在機械化的動作下維持一定的手勁；否則飛進爐火的很可能不只是煤，還有手中的鏟子。

煤車上有人不斷將燃煤敲至最合適的大小補給給司爐，車頭前也站著兩名員工，並非耍帥破風前進，而是要在經常濕滑的鐵軌上灑上細砂，好讓摩擦係數增加，幫助火車一舉攻頂。沒想到吧！當大家舒適的坐在車廂看著窗外的風景時，竟然有這麼多人忙著，開蒸汽火車原來是一項團隊合作的過程。

左圖：司機正在車頭添煤。
右圖：鐵軌旁的管理人員。

上圖：火車頭整裝待發。
下圖：剛運到車站旁的燃煤。

雲山霧罩的茶鄉

在英屬印度時期，由於大吉嶺溫和的氣候，使得它作為英國居民逃避平原上炎熱的夏季的山中避暑地而發展起來。後來又因為在此地種植紅茶，味道帶有果香而濃郁的大吉嶺紅茶，一直都是高級紅茶的代表，有人稱之為「紅茶中的香檳」，也是殖民時期重要的物產。

「慢」漫人情味

這條百年古董鐵道全長八十公里，但鮮少人會從頭坐到尾，大多數人只會搭乘一段從大吉嶺到古姆（Ghoom）約七公里的路程，體驗一下拍個照就好。大概只有像我這樣對世界遺產感興趣的遊客，才會在時速十五公里的搖晃中，甘願坐上八個小時，這必須要有鐵屁股，雖然車廂內的椅子並不算不舒服，但看到鐵道旁邊公路上一輛輛急駛而過，山下到山上只要兩個半小時的載客吉普車，以及不斷上上下下、似乎把火車當玩具的當地頑童，要說服自己做出這樣的選擇頗具挑戰性，當然也會產生極大的自我質疑。不過也唯有以這樣的方式，才能帶領思緒走進時光隧道，這列火車所搭載的不只是遊客，更是那段殖民的歷史與茶產業的過往。

不過，正因為車速緩慢，可以肆無忌憚的將頭手伸出窗外也不擔心，可以定睛看到山邊民宅

KAYSONS MOTORS

Airtel
Available Here
STD
ISD
MOBILE
ACCESSORIES
STEP IN FOR
STUDENTS CORNER
FOR ALL KINDS OF STATIONERY
ITEMS, COLLEGE/SCHOOL BOOKS
& ALL KINDS OF COMPETITIVE
BOOKS, & ALSO XEROX DONE
HERE
XEROX UPSTAIRS

旁懸掛的五色經幡，可以欣賞遠處喜馬拉雅山終年白雪皚皚的冷冽，可以滿眼綠意的看著聞名世界的茶園，甚至當火車貼近民宅駛過時，真的可以聞到他們今天中午的菜色，可以感受到路人溫暖歡迎的微笑。這樣的世界遺產才是有人味的，而不是冷冰冰的展示，用紅繩隔離出世界上最遠的距離。

除了速度慢，三不五時不知道為何原因就停下來休息一段時間，應該也是拖延行車時間的原因之一。反正在印度很多情況是不需要原因的，習慣就好。火車在古姆車站停了下來，廣播說要停留十五分鐘，這時肚子餓得慌，剛好到旁邊的小店買饃饃吃，也點了一杯溫暖的印度奶茶，喝下去的瞬間，寒冷驅趕了一半。店家的小女孩約莫四歲，慧黠的眼睛骨碌碌的轉著看著我，我拿出出發前準備的一些文具，鉛筆盒、橡皮擦、筆，還有一個股東會贈品的折疊背包，這些東西我想台灣的小朋友應該沒人會要，因為他們有更好的選擇，但是小女孩拿到後跟我道謝，背上包包就跟祖父母擺擺手說再見，她說她要去上學了。在她身上，我感受到我們有多麼的幸福卻不自知。

在事事講究效率與速度的現在，蒸汽火車的悠閒似乎不符合時代的主流價值，但偶爾讓自己的轉速調慢，才能體會到旅行的真諦。金城武大帥哥不是說嗎？「世界愈快，心則慢。」

［注意事項］

- 大吉嶺海拔二千二百公尺，每上升一千公尺，溫度會下降六度，因此與山下溫差大，穿著要住意保暖。
- 印度人吃飯慣用以右手抓食，左手專司不潔之物，故宜避免以左手與他人接觸，尤忌諱將左手觸摸他人頭部。
- 印度購物除了百貨公司外，均有相當議價空間，通常在五折以下，購物切記貨比三家，以免買貴了。

［周邊景點］

◎加爾各答（Kolkata）

在殖民地時期，從一七七二年直到一九一一年的一百四十年間，加爾各答一直是英屬印度的首都，迄今仍然保存有大量當時遺留的維多利亞風格建築。

◎錫金（Sikkim）

錫金，是印度的一個內陸邦，位於喜馬拉雅山脈南麓，北面與中國西藏接壤，東面與不丹接壤，西面是尼泊爾。曾是一個世襲君主國。於一九七五年在印度的主導下，錫金舉行全民投票，廢除錫金王國，並且加入印度，成為印度的錫金邦。受到藏傳佛教文化影響，藏式廟宇處處。進入錫金須另辦通行證，可以在印度—台北協會跟簽證一起申請，免費。

04

中國

澳門歷史城區

・項目名稱／澳門歷史城區（The Historic Centre of Macao）
・登錄年代／二〇〇五年
・遺產種類／文化遺產

當地基本資料

國名	中華人民共和國（澳門特別行政區）
人口	約六十五萬人
語言	中文、粵語、葡語
氣候	每年的五月至九月是澳門的雨季，十月至十二月為澳門的秋季，是旅遊的理想季節，氣候溫和，濕度低。冬季（一月至三月）雖較寒冷，但陽光普照
簽證	台灣旅客入境澳門免簽證，需準備護照，可停留澳門當地三十天。如需停留香港，或澳門香港進出，除護照外，需準備港簽或台胞證
匯率	1澳門幣約合4.1台幣
時差	與台灣無時差
交通	包括華航、長榮、澳門航空多家航空公司皆有航班

澳門，這樣一個彈丸之地是中國與西方文化最早接觸點，開創了許多的中國第一。中國第一座西式大學「聖保羅學院」、中國第一座西式醫院「白馬行醫院」、中國第一份外文報紙「蜜蜂華報」等等。在這獨特的文化交會氛圍中，使得這裡在歷史刻度中變得重要且巨大，也激盪出我的澳門世界遺產印象。

／不只是「東方拉斯維加斯」／

早些年若有人去澳門，一定會被認為是要去「東方拉斯維加斯」賭賭運氣和手氣。博彩今日依舊主導了整個澳門的經濟；博彩帶來觀光，觀光帶來稅收。但博彩有輸有贏，而在全球皆強調創意文化產業的新世紀，只有文化才可長可久。和全世界著名景點相比，澳門也許先天不足（面積），但絕對得天獨厚（有個世界遺產），因此掌握這個優勢，深度挖掘文化底蘊，也未嘗不是

左圖：閃爍著霓虹燈的娛樂場所，常讓人忘了澳門也有深厚的文化內涵。
右圖：媽閣廟是澳門外文地名的由來。
左頁：聖老楞佐教堂。

澳門另一個形象轉換的大好機會。

澳門歷史城區有二十五個點，這個區域是昔日以葡人為主的華洋雜處之地，其間以廣場和街道串連成面，最好的方式是以步行一一探訪。首站媽閣廟，是葡萄牙人首次登岸之地，葡萄牙人試圖從住民口中得知地名，怎奈此地有間著名的媽閣廟，雞同鴨講的結果，陰錯陽差成為今日澳門（Macau）名稱由來。這只是四百多年中國與歐洲文化經過消化反芻之後，成為別樹一幟「中學為體，葡學為用」風味其中一例。走在市區，諸如此類葡語譯音屢見不鮮，像是聖老楞佐教堂（St.Lourenco）、澳門地標大三巴（St.Paulo）牌坊等等，雖不見得能夠達到翻譯對於信、達、雅標準的追求，但都是這類「葡涇幫」語言的延伸。

媽閣廟前的空地就是媽閣廟前地。「前地」其實在空間運用上就是歐洲廣場的概念。在歐洲，教堂往往占據城市的中心地位，龐大的體積和拔地而起的高度象徵著宗教掌控的權力。而在教堂前的廣場，是市民集會、狂歡和從事各種活動的場所，也是城市空間布局上的緩衝區域，人們走到這裡可以歇息停腳，而以教堂、廣場為軸心放射出去的交通網路，符合城市不斷發展如同心圓般向外延伸。這概念被葡萄牙人帶到澳門，因此澳門面積雖不大，教堂卻不少。

玫瑰堂前地。

再往前走沒多久，就會經過一片色彩鮮豔的牆面，這裡就是亞婆井前地。亞婆井的意思其實就是「阿婆井」，葡文「Lilau」的意思是「山泉」，以往有著重要的水源，是葡萄牙人在澳門最早的聚居點之一。據說井的由來是在明朝時期，有位老婦見人每日上下取水不方便，便出資鑿山引水成井，造福後人，便以阿婆井相稱。葡人來此裝上鐵管，嵌上龍頭，故又名「龍頭井」，後來因自來水普及，所以井的功用也就喪失了。澳門葡人有著一首歌謠描述：「喝了亞婆井水，忘不掉澳門！要不就是在澳門成家，要不就是久別重來。」對於當時離開母國，居住在此的葡萄牙人來說，唸唱這首歌謠的心情不知為何，在這裡落地生根，開枝葉茂，但仍不忘故國的生活，因此造就了今日所見遺留下來的亞婆井葡式民居，更衍生了極為特殊的土生葡人文化。

落地生根，同鄉共井——土生葡人

土生葡人指的是具有葡萄牙血統，但出生、成長都在澳門，未曾回到過葡萄牙的葡萄牙人，也包括與中國人或其他種族人士所生的混血兒。雖然外表是外國人，但處在這樣一個中西交雜的地方，包括語言、生活習慣等等都自成一格，特別在語言上。這些土生葡人除了通曉葡語外，也會說流利的粵語，更在葡語的基礎上，吸收了馬來語、印度果亞方言、西班牙語與現代英語的詞彙而形成的獨具一格的「澳門土生語」（Patua）。如今在澳門，許多土生葡人因為工作的關係少掉使用澳門土生語的機會，使得這種特殊的語言逐漸沒落，但在一些中下階層的家庭，以及早年移居上海和香港處於隔絕狀態的土生葡人還是繼續使用這種語言。鑒於這樣的情況，以澳門土生教育協進會為主的一些土生葡人團體和學術機構，已經開始共同爭取將土生語申報列入聯合國教科文組織非物質文化遺產名錄，以保存這項難得的溝通工具，並喚起大家的重視。

被剪接的時空

不僅語言，連建築也呈現一種蒙太奇式的剪接印象。眾所皆知澳門建築具有濃厚的葡萄牙風格，然而這種葡萄牙風格同時也融合了同時期其他海外殖民地的技術與知識。例如遙遠的巴西、摩洛哥、印度果亞和錫蘭等等。熱帶非洲和東方的設計圖案和工藝也被採用。這些工藝和空間使用方法在引入澳門時，是歐洲前所未有的，這個蕞爾之地儼然成為建築的實驗場。

隨處可見的葡式風情

新馬路是最熱鬧的商店街，而緊鄰新馬路，呈前寬後窄漏斗型的議事亭前地，具西方古典主義特色的郵政局大樓、新古典主義的仁慈堂大樓等歷史建築環繞廣場。這裡向來是澳門舉辦各項大型集會或活動之處，每次我造訪這裡，總是毫無意外的擠滿了人潮。

現為民政總署大樓的議事亭是明朝官吏與葡人商談貿易、辦理居留事宜之處，原本為中國式亭樓建築，一七八四年才建成如今面貌，其間修葺多次，但大體結構不變。用途也從議事亭、市政廳，到現在的民政總署大樓，同步見證著澳門的歷史。

現在的立面則是在一八七四年確立。進入大廳，首先映入眼簾的是一幅葡文刻寫的條幅：「無與倫比忠誠的天主聖名之城」，以表彰西班牙統治葡萄牙期間，澳門對於葡萄牙國王的忠誠而賜與的稱號。外部是巴洛克風格的破山花窗簷、而後新古典主義的三角形窗簷、小露台、麻石窗框、鍛鐵窗花，都顯現了南歐建築式樣；而內部是按照昔日葡萄牙國王若翰五世時期的式樣布置，十六世紀宮廷風格的大禮堂、供奉市政廳守護神的小型聖堂，都十分典雅優美。二樓圖書館設計，參照葡國瑪弗拉修道院圖書館，不管裝潢、家具都極富古典氣

郵政局大樓。

息，是澳門最古老的圖書館，專門收藏十七世紀到二十世紀五〇年代的古籍，特別是葡萄牙在非洲及遠東的歷史文獻。

過了新馬路，回到議事亭前地，右手邊的白色建築：仁慈堂大樓是一五六九年由澳門首任主教賈尼路創立，肩負慈善救濟工作，所以稱為仁慈堂。仁慈堂也開辦了中國第一間西式醫院：白馬行醫院，並有育嬰堂、痲瘋院、老人院及孤兒院等救濟機構。

天主教教士每到一個新地點宣教時，總會伴隨著慈善工作同時進行，不僅是對教義的實踐與承諾，更容易讓原本不是教徒的人深受感動，而在信仰上有所轉變。對於仁慈堂，當時的人也稱為「支糧廟」，因為搞不清楚拜的到底是誰，只知道裡頭設有祭壇，有救濟物可拿，於是就以廟相稱。從這個名稱也可以看出當時不同文化對應時所產生的趣味點。

澳門的精神象徵

順著指標與人潮走就能來到澳門最負盛名的大三巴牌坊，這座牌坊是以前的聖保羅教堂正面前壁的遺址。葡萄牙的天主教徒們特別推崇聖徒保羅，並且自認是聖保羅的使徒。保羅最初迫害基督徒，到後來被耶穌感召，成為最堅定的傳道者，甚至也向外邦人傳教。因此當葡人離開故鄉開始遠航時，就把自己看成是聖保羅的化身，向遠東的異邦人和異教徒傳教，這是他們最大的精神動力。

這裡人潮永遠川流不息，這也難怪，任何的澳門旅遊介紹中，大三巴已經變成澳門的地標，澳門人的精神象徵，地位應該就跟紐約的自由女神像或是巴黎的艾菲爾鐵塔，成為城市記憶裡不可或缺的一項。

在大三巴牌坊右邊，有著一堵城牆，這是舊城牆遺址，城牆旁還有間哪吒廟。和大三巴建築相比，像個小品，敵不過大三巴的雄偉，但卻輕巧別緻，尤其在看過那麼多的教堂之後，猶如吃碗陽春麵般的讓人感到舒暢。

草堆街、關前街和營地大街是澳門最早的商業中心，許多華人商賈都集中於此買賣交易，而這裡也有間三街會館，三街會館就是商人議事的場所，直到一九一二年澳門中華總商會成立，三街會館才失去作用，不過後來卻搖身一變成為祭拜關帝君及財帛星君的廟宇。澳門的廟宇皆稱不上大，但廟不在大，有仙則靈，其實它所提供的是一股心靈上的安定力量，讓這裡的居民不管面對怎樣的世事變遷都能篤定以對。

哪吒廟旁的舊城牆城門，像是個神奇之門。從這裡跨出去，便從觀光客充斥的地盤到了尋常百姓家，而且頓時暫別了喧鬧的人潮，耳邊

上左：民政總署內部。
上右：何東圖書館。
下圖：跨海大橋。

中西並存、文化交融，在澳門一點也不違和。

不再充斥嗡嗡的談話聲，能夠得到片刻的寧靜。果然景點與景點之間的緩衝區設置是必要的，除了保留建築與景點本身的視覺與意象完整性，更是提供遊客一個暫時喘息的空間。

花了一天沿著這些景點一一造訪，腳上的疲累難免，但這卻也是深度欣賞澳門文化之美的唯一途徑。花王堂前的小公園裡擺著一攤算命的攤位，我親眼目睹從教堂裡走出的居民，毫不遲疑的在攤位前坐下尋求指點迷津。就是這樣隨處可見的文化對比與衝突所形成的獨特氛圍，使得澳門有著許多觀察來的趣味。唯有互動體驗，才會感覺到澳門歷史城區成為世界遺產的價值，也才能體會世界遺產旅行的樂趣。

[注意事項]

- 在澳門，瓦斯噴霧器、雷擊棒、伸縮警棍、彈簧刀等物品，均會被當作具有攻擊性的武器，凡持有即屬違法行為，因此隨身攜帶，或是放置托運行李中轉機都屬違法行為。

[周邊景點]

◎開平碉樓與村落

著名的僑鄉，也因此建有許多碉樓的村落聞名於世，位於廣東省江門市開平市的鄉村地方，現存碉樓有一千八百三十三棟，於二〇〇七年評定為世界文化遺產之一。其特色是中西合壁的民居，結合有古希臘、古羅馬及伊斯蘭等多種風格。從澳門要去開平，可從拱北口岸到珠海，再搭巴士前往開平，約一百六十公里。

美好的記憶

菲律賓・巴拿威梯田
中國・蘇州園林
義大利・水都威尼斯
中國・新疆天山

01

菲律賓

巴拿威梯田

- 項目名稱／菲律賓科迪勒拉山的水稻梯田（Rice Terraces of the Philippine Cordilleras）
- 登錄年代／一九九五年
- 遺產種類／文化遺產（二〇〇一年已列為瀕危遺產）

當地基本資料

國名	菲律賓共和國（Republic of the Philippines）
人口	約一億人
語言	菲律賓語（Tagalog），但大部分人都會說英語，且英語指標普及
氣候	菲律賓氣候只分兩個季節，每年十一月到翌年五月為乾季，六月至十月則屬雨季。前往山區需帶保暖外套，雨季要留意颱風及雷雨，可能帶來土石流造成山區道路中斷
簽證	可至馬尼拉經濟文化辦事處申辦（台北市長春路176號11樓／02-25081719）。須備護照、身分證影本、二吋照片一張，費用一千兩百元，效期五十九天。也可採線上申請（效期三十天）：https://onlinetravel.meco.org.tw/EVISA/
匯率	1新台幣約合1.4菲律賓披索（Piso）。可先在台灣的銀行換，但匯率不佳。當地換錢以美元較方便（1美元約合47披索），可在銀行或民營匯兌處辦理
時差	和台灣同一時區，無時差
交通	華航、長榮、菲律賓航空都有航班至首都馬尼拉。要到巴拿威梯田，可從首都馬尼拉搭巴士直達，或從第二大城碧瑤亦有巴士直達

菲律賓是距離台灣南端最近的一個國家，一般人對它的印象並不深刻，多半只有停留在南海上的千島之國，颱風多，有許多外勞在台灣工作等粗淺的認識。但是如果你曾經注意過一則新聞報導的話，想必會在情感上拉近不少：菲律賓最北端的巴丹島人和台灣蘭嶼的達悟族人，其實在血緣及語言上有著共通之處，同樣都屬於南島語系文化的範疇。

我的目光被這樣的報導所吸引。現在地理上的國界，並非完全是千百年前文化往來與傳遞的疆界，我進一步找了一些資料，發現整個太平洋的島嶼文化皆有關聯性，靠海吃海的地理便利性，自然發展出一套接近的海洋文化習俗。

／因封閉而存續的稻米文化／

南島語系主要分布在太平洋和印度洋島區，涵蓋範圍北起台灣、南到紐西蘭，東至復活島、西到馬達加斯加島，包括菲律賓在內，有三百至五百種不同的語言，總人口約達兩億人。菲律賓的國語塔加洛語（Tagalog）就是南島語系的一支。

不過南島文化也不全然都是與海洋島嶼有關，在菲律賓最大的呂宋島北部，位在島嶼中部科迪勒拉（Cordillera）山脈裡的小鎮巴拿威（Banaue），直線到海邊的距離尚不足一百公里，算是相當的近，但卻因為和台灣一樣縱貫南北

依山闢建的梯田，是當地先民靠山吃山的智慧。

巴拿威小鎮。

山脈的關係，反而使得交通不便，想要到達海濱相當耗時，因此雖然同屬南島語系，但世代於此地的伊芙高族（Ifugao）人，反而居住在山地中。伊芙高族是菲律賓總人口數中約百分之十左右的少數族群之一。他們身型瘦小，皮膚黝黑，酷似原住民傳說中的矮黑人，距今兩千多年前就已經在巴拿威發展自給自足的農耕生活，開創了十分特殊的稻米文化。

巴拿威小鎮是進入梯田區域的入口山中小城，直到今日要進入還是相當的不易，倒不是沒有交通工具可以抵達，只是沿途都是山路，再加上路途遙遠，搭乘時間往往長達十二小時，甚至花費更長的時間，在在考驗想要前往者的耐心。但是因為有著伊芙高族相當特殊的文化與生活方式，還是吸引想要一探究竟的觀光客。換個角度看，也正因為交通不便，已漸漸式微的稻米文化才能被保存至今，觀光與文化保存似乎始終是個兩難的習題。

晨醒桃花源

我坐了一夜的車，顛簸的山路讓人睡得似夢似醒；迷迷糊糊的混過了一夜，再醒來時已是清晨，景色已從雜亂擁擠的都市轉變為雞犬相聞的農村模樣，彷彿進入陶淵明筆下的桃花源。夏季山下的燠熱，到此卻有些許涼意；打開車窗，讓冷風吹拂，腦袋一下子便清醒過來。晨間的山嵐懸浮在山腰間，負責司晨的公雞提嗓高鳴，預告著一天的開始。

通往天堂的天梯

我在巴拿威的旅客服務中心，詢問了相關資訊之後，挑選了其中一條通往巴塔德村（Batad）的路線，來回步行約六個小時，不過得先從巴拿威搭乘特別的交通工具吉普尼（Jeepney）到巴塔德路口（Batad Junction），六公里的路程需要花約一小時，原因是這段路崎嶇不平，一個個的坑洞足以讓人彈跳撞到車頂，速度自然不快。只是山區午後多有陣雨，路況泥濘不堪，所以大部分的人都願意花上一輛車一千兩百披索的高價格，坐車避開這段不理想的路段，也唯有高底盤的吉普尼才能開在這段山路。一輛吉普尼約能坐十人，人越多，個人平均負擔的價格也愈少。車資是包含來回的，所以吉普尼會在下車的地方等你回來再載回巴拿威，一天大概就只能作一趟生意，這樣精算起來，價格好像又不算太貴。

這些平均海拔一千兩百公尺左右的梯田，歷

左圖：巴塔德路口為健行的起點。
右圖：午後的雷雨讓道路泥濘。
右頁：梯田間的聚落。

經幾世代的人們在此耕種，靠著千百年傳承下來的梯田，養家溫飽。梯田的耕作型態乃是原住民伊芙高族人為了防止山坡的土壤流失，於是共同合作用岩石堆疊成一道道的堤壩興建而成。如此大規模的梯田總共分布在六個區域，一層層的梯田平均一至二公尺高，被當地人稱作「巨人的階梯」，也被稱為「通往天堂的天梯」，根據一項統計顯示，這些梯田若是一一把它們相連起來，長度可繞行地球半周，著實相當的可觀，也讓人對當時的工事技術與水準感到咋舌。被譽為世界第八大奇景，更因為豐富的人文景觀，被聯合國列入世界遺產的名單。

在梯田間健行是來到此地的遊客必定會做的事，也應該說是來此地的唯一目的。依照難度和時間，有許多條健行步道可供選擇，梯田多半就和村落相互依存，因此，其間也會穿過伊芙高族的部落，和這些族人有著近距離的接觸。而這些健行的山中道路，其實也是伊芙高族人平時出入的路徑，一路走來也是山景相伴，綠意盎然，景致也與台灣的中海拔山區相去不遠。

／健行中，領會當地文化／

開始走沒多久，前方迎面而來個手抱小孩的婦人，問我需不需要一個嚮導，其實這條路線沿途的山徑十分清楚，並沒有走失迷路的危險，但這位婦人十分熱心，再加上能帶我進入村中，似乎更能與當地人有所接觸，而對他們來說，這也算是個難得的賺錢機會，三百披索的費用並不算高，於是就請她帶路並且解說。

她的名字叫做帕雅（Payay），是三個小孩的媽。她的個頭承襲伊芙高族的特色，矮小卻精實，但走起路來卻讓我得加快步伐才追得上。她先帶我繞過村落外緣，直接來到梯田，帕雅跟我說，這裡的梯田擁有完善且複雜的灌溉系統，除非是遇到旱季，不然基本上稻米產量可以自給自足，如果不夠，他們還得到巴拿威去買米。稻米是伊芙高族人的主食，一個人的社會地位來自其收穫的稻米量。

帕雅說，插秧、除草、收割等等的工作，都是女人要完成的，而男人則負責維護、修補梯田的石牆、田埂，讓這千百年來的灌溉系統得以順利運作，在收割時也幫忙運送稻米。她也指著水田裡的閃閃發亮處要我看，原來水田不但可以種稻，也在裡頭養魚，作為村民補充蛋白質的來源。

不過我也看到許多的梯田頹傾，田園將蕪，問帕雅怎麼回事？她說隨著氣候暖化，一種大蚯蚓從低海拔遷至中海拔，穿透了堆疊的梯田；影響更深的是被列為世界遺產後，遊客紛紛前來，許多農民開始經營民宿。她指著不遠處有衛星天線的小房屋說：「那邊三間房間的民宿，客滿一天就是以前辛苦一年種稻的所得。換做是你，要

左圖：嬰孩在母親懷裡，與世無爭。
右上：結實纍纍。
右下：童真笑容。

經營民宿還是種稻呢？」

我問她住在這裡，孩子的教育問題怎麼解決，她說村中有小學，但要唸中學就得到巴拿威。她讓我站定回頭望，這裡是飽覽巴塔德梯田的最佳角度。巴塔德村以延伸到山頂的梯田，以及酷似古羅馬圓形環繞劇場的梯田著名，居民所住的傳統高腳稻草木屋，就三三兩兩的散落其中。帕雅要我放聲大叫，她說會有回音，這是他們小時候最愛玩的遊戲之一。

溫暖人情，傳統智慧

有了帕雅的帶領，走進村中似乎不再顯得尷尬與不自在。她嘰哩咕嚕的用我聽不懂的話跟遇到的村民講了幾句，只見村民轉身從高腳屋的下方，拿出一只陶甕，我丈二金剛摸不著頭腦，搞不懂發生了什麼事。帕雅向我解釋說他要請我喝酒，只見他毫不吝嗇的開啟陶甕中自釀的米酒，就隨意坐在庭院前，邀請我們小酌一番。

這米酒喝起來像是台灣原住民的小米酒，他們的熱情也相差彷彿，彼此間雖然語言不通，但一下子就熱絡了起來。在徵得族人的同意後，我拿出數位相機拍照，他們對於這樣的科技產品十分好奇，我把拍好的照片拿給他們看，他們也露出嚼檳榔的牙齒，滿意的笑開了。

我參觀了他們的高腳屋，這和一般東南亞高腳屋是十分類似的，下層架高避開濕氣與毒蛇野獸的侵襲，也順便養些畜禽，爬木梯進入屋內便是起居空間，空間不大，上層用作儲藏室，屋前的空地，像是小稻埕，趁著陽光曝曬著收割後的稻米，每分空間都做了最好的利用。太陽當空照，我躲在稻草屋下和伊芙高族人一起納涼，這裡不僅梯田景色奇，背後運作的「日出而作，日入而息」的生活價值，更已是現代少見了。

上圖：湍急的河水
流經城鎮。
下左：傳統茅草高
腳屋。
下右：村民倒出久
釀的米酒，
宴請我這遠
道而來的不
速之客。

千里之外，習俗彷彿

離開村落之前，帕雅帶我去看她們夫妻經營的木雕工坊。伊芙高族手藝精巧，擅長藤竹工藝品或木雕，除了取材日常用品的需要外，主管稻米的神祇bulol更是常見的雕刻主題，每到稻米豐收的季節，稻神必被請出來供奉在廣場上，依舊保有敬天畏神的傳統，我彷彿也看到了家鄉的那群可愛的原住民朋友。

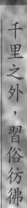

注意事項

- 前往巴拿威梯田皆為夜車，菲律賓的長途巴士冷氣十分強，不要被熱帶國家所騙，記得要帶保暖衣物。
- 留意人身安全，衣著力求簡樸，切勿穿著太過亮麗或招搖，應盡量避免成為被注意的對象，尤其是過度的穿戴珠寶金飾，更容易成為非法之徒鎖定的目標。

周邊景點

◎碧瑤（Baguio）

海拔高度約為一千五百米，風景優美，空氣清新，是菲律賓國內首屈一指的旅遊勝地。涼爽的氣候加上美麗的山景，讓碧瑤成為藝術家、蜜月愛侶與其他渴望享受清涼僻靜者最愛的景點。此外，它也是信仰療法之地與大學城。它是呂宋島熱帶松林棲息地，適合苔蘚植物和蘭花的生長。

02

中國

蘇州園林

・項目名稱／蘇州古典園林（Classical Gardens of Suzhou）
・登錄年代／一九九七年
・遺產種類／文化遺產

當地基本資料

國名	中華人民共和國（People's Republic of China）
人口	約十三點六億人
語言	中文
氣候	四季分明，春季（三月至五月）冷暖變化較大，夏季（六月至八月）梅雨過後高溫炎熱且乾燥，秋季（九月至十一月）早晚溫差大，冬季（十二月至二月）較冷，偶爾會下雪
簽證	持有效之台胞證即可
匯率	1人民幣約合5元新台幣
時差	與台灣無時差
交通	台灣可直飛上海或杭州，再搭乘動車前往蘇州

蘇州建城於西元前五一四年，吳王夫差的父親闔閭命伍子胥建城，距今已有兩千五百多年的歷史了。一般人不見得嫻熟歷史，但肯定對「上有天堂，下有蘇杭」耳熟能詳，因為這裡自古以來就是魚米之鄉，故有「蘇湖熟，天下足」的說法。也就是由於這樣的富裕，飽暖而思慾，對於住宅的要求與享受，當然也就不同於其他地方了。除了舒適宜人的氣候之外，在居住品質和空間格局上的考究與累積出的深度，自然使蘇州受到許多文人雅士的喜愛，讓它成為中國人對於居住品質與環境的典範與期待的象徵。

／咫尺之內，再造乾坤／

蘇州民居多是前街後河的面水民居，「門前石街人履步，屋後河中舟楫行」，深院大宅。昔日蘇州由水道交織而成，幽深綿長的水巷迴繞相通，連接千家萬戶，河道婉轉，房屋便靠與迴廊、樓閣、小橋、花木之間彼此借景掩映，處處如畫。水多，橋梁自然也多，不僅方便人們的交往，也為古城增添了不少秀色和情趣。最知名的應該是唐代詩人張繼的〈楓橋夜泊〉：「月落烏啼霜滿天，江楓漁火對愁眠。姑蘇城外寒山寺，夜半鐘聲到客船。」寒山寺在蘇州近郊，詩詞短短幾行，勾勒出傳誦千古的蘇州印象。

一個地區如果只有一棟房子出色，那算不上甚麼特色；但若是整區都費心保留，那會有讓人走進時光隧道的錯覺。蘇州的傳統民居，為青磚、粉牆、黛瓦、磚木結構，樓房一般不超過兩層。官方為了保存整體氣氛，在老城區樓房改建與增建都必須審批，且有樓高的限制，避免因突兀的新式大樓使得蘇州古城區整體視覺景觀被破壞。多半的民居都是臨河而居，戶戶皆有風景，平江路是此成果最好的體現。走一趟長一點六公里的平江路，很難想見之前雜亂的樣貌，拆了違章建築，將管線地下化、鋪設石板路、疏浚河道、維修老房子，透過種種的努力，方有今日的驚豔，也得到聯合國教科文組織頒發的亞太地區文化遺產保護榮譽獎。

不過蘇州食好住優氣氛的最佳體現，還要屬一幢幢在老城區的古典園林。由貴族與巨賈所興建的私家園林宅院，歷史悠久，可上溯至春秋時期吳國的離宮別苑，發展到明、清最盛。根據統計，在清代，蘇州地區就有兩百多座私家園林。「江南園林甲天下，蘇州園林甲江南」的說法絕對不是浪得虛名，若是你了解咫尺之內再造乾坤的箇中奧妙，就會更佩服古人的巧思。蘇州尚存三十多座園林，背後都彰顯了園林主人的設計思想，可說是「一步一景，一窗一景，一時一景」，反映出中國文化裡，取法自然且融合自然於居住空間的智慧。

平江路老街屋。

蘇州園林擅長在小地方製造趣味感，顯得雅淡輕巧，給人幽靜閒逸的感覺。眾多園林中，最有名的包括了拙政園、留園、網師園、獅子林、耦園及退思園。這些大小不一的古典園林，都被列入聯合國的世界遺產名錄。其實，不僅中國有園林設計，綜觀世界各地，也多有形式不一的園林景觀，或展露出與宗教信仰的結合（如波斯的園林），或傳達對自然美的追求與嚮往（例如日本及歐洲的園林體系），不少地點同樣被列入世界遺產名單之中。

空間有限，意境無窮

園林中的山水景色是人為刻意營造出來的，另外為滿足可行、可觀、可居、可遊的要求，還有許多與生活密切相關的建築物，像是宴飲的廳堂、讀書吟詩的軒室、欣賞園景和小憩的亭榭；其他如廊、閣、樓、舫等，也會因園林規模與主人的需求喜好而增減。畢竟是宅第，空間有限，因此如何利用有限空間，將廳、堂、亭、榭都巧妙的融合在人工創造的山林景色中，就是蘇州園林最具看頭的地方。

在小規模的宅園裡，要靠建築空間和自然空間的穿插變化，才能使人感到步移景異，彷彿置身圖畫之中，所以巧於「因借」，也是園林建築設計的重要原則。「因」為「因勢」，使建築和自然環境的地形地貌很好地結合起來；「借」為「借景」，把園內或園外的佳景借到自己觀景範圍。因此，園林建築往往較具彈性，不拘泥對稱，也不拘泥朝向。有時為了一棵樹，為了一塊石，可以去掉半間屋，或者讓廊道彎過，充分發揮各個角度景觀的情趣。

此外，看似平凡無奇的牆面亦有可觀之處。牆面區隔了不同的空間，有遮蔽隱藏的功能。而牆上的花窗，不僅是透氣通風之用，其繁多的窗框形式，更成為一門藝術。常見的窗框形式有矩形、圓形、梅花形、桃形、葫蘆形和書軸形，窗格有壽字紋、蝙蝠紋、蝴蝶紋等，都有求吉祥如意的意涵。最特別的是模仿冰裂開時的冰裂紋，象徵大地春回，也有碎碎（歲歲）平安的意思。

疊山鑿池，蒔花弄草

疊山和鑿池是造園的主要元素。蘇州園林的假山多以特產的太湖石壘成，具有「瘦、透、漏、皺、醜」五大特點的太湖石，由於長年水浪衝擊，產生許多孔隙，形狀奇巧獨特。雖然如此，要堆疊出自然的意境也不是易事，若文化素養不夠，反而流於俗氣，蘇州的拙政園、環秀山莊算是佳作。而水為萬物之本，不同於西方園林以動態的水流景色為主，蘇州園林則愛取靜態水景，呈現平面如鏡或鏡花水月的的靜寂深遠境界。

當然，園林中的山水景觀，若沒有花木陪襯，難免有美感上的缺陷。所以花木的栽植也是園林主人注意的重點。通常會注重花木的姿態美（櫸、榆、槐）、色澤美（銀杏、紅楓、青竹）、味道香（臘梅、蘭花）。而花木品項往往又隱喻、投射出主人的心境，像是中國人喜好的「歲寒三友」（松、竹、梅）、「四君子」（梅、蘭、竹、菊）等，各自有著令人喜愛尊重的特質而被廣泛栽種。

拙政園的荷池。

風光如畫，別有洞天——拙政園

拙政園是蘇州園林最大的一處，不僅是園林的代表作，也是來蘇州千萬不能錯過的。拙政園是明朝御史王獻臣所建，因為自嘲「拙於政事」而取此名，著名畫家文徵明也參與規劃，與北京頤和園、承德避暑山莊、蘇州留園並稱中國四大古典名園。園中建築多以黑白為主色系，白牆黑瓦就像水墨畫一樣簡單卻典雅簡樸，頗具意境之美，園中花樹扶疏，隨季節更替又有不同色彩。

相較園內的別有洞天，入口處看來毫不起眼，園林主人刻意把進門處作小，以免太過招搖。拙政園以占總面積五分之一的池水為中心，各種亭、台、樓、榭、廊多半傍水而建。勝於蘇州其他園林的是，拙政園還有塔，這是利用借景的手法，硬是把距離園外四公里的北寺塔給「借」了進來，從池水一端看去，塔影與園中景物合而為一，就像蓋在園中一般，無形中亦有擴大的效果。

而曲徑、迴廊、山石組成的重重屏障，常有著柳暗花明又一村的驚喜，隨著位置變換，眼前景象就有所不同；而透過一個個的格窗，或種櫻、或養竹、或植楓、或展梅，就像每天看著不一樣的畫。

蘇洲園林擅長使用的借景手法。

傳統概念揉合現代元素——蘇州博物館

除了舊時的園林建築外，祖籍在蘇州的著名華裔建築師貝聿銘，也在家鄉興建封刀之作：蘇州博物館。

博物館從中國園林發想設計，並非矯情造作，對貝聿銘來說就像呼吸一般的平常，如魚得水。因為貝聿銘的老家，就是鼎鼎大名的蘇州四大名園之一——「獅子林」。一般遊客得買票進去觀賞，還被許多規定限制著，但貝聿銘自小就把假山石洞與曲橋魚塘當作遊樂場；如此潛移默化的薰陶，影響其作品至深。「環境造就一個人」，這句話一點也不假。

蘇州博物館沉潛低調一如舊式園林，外表有其獨特性與時代性，但又與周邊傳統民居融為一體，不高、不大亦不突出。戶外中庭應該算是蘇州博物館的精華部分，假山有別於傳統的立體疊石，而以壁為紙，以石為繪，棄蘇州庭園常用的太湖石，而用泰山石，將石塊切薄前後錯置，不僅勾勒出鮮明輪廓及剪影效果，更兼視覺景深遠近之感。據說靈感來自於北宋畫家米芾的山水畫，石山與白牆倒映在池水中，讓視野更覺遼闊。

館內建築將曲折的黛瓦粉牆折疊堆砌，利用簡潔的幾何形體，表達江南清秀細膩的格調。貝聿銘向來擅長使用光影，室內以類似百葉窗的格柵作為遮蔽，能將光線引入，又不至於過度刺眼；再用半透明的細紗蒙住落地大窗，利用展廳內外的光線對比，營造出朦朧縹緲的景致，讓人憶起江南的絲絲細雨。

苏州博物馆

吳地遺珍

園林旨趣

中國傳統思想中向來有「仁者樂山，智者樂水」的說法，蘇州園林的主旨就是表現自然美，讓人們的精神寄情於山水，達到放鬆、寓興的目的。

[注意事項]

- 蘇州古城不大，公交車十分方便，有些景點步行即可。
- 不要輕信各種導遊、保安、三輪車伕的建議，多半都是當地惡質黑車招攬生意，很容易因人生地不熟上當受騙。
- 造訪蘇州園林或是水鄉古鎮，最好避開假期高峰，否則無法領略古城的獨特韻味。

[周邊景點]

◎杭州

市內有西湖、西溪濕地等景區，其中西湖周邊還有文瀾閣、雷峰塔等眾多名勝古蹟，龍井茶亦為知名特產。因為風景秀麗，自古有「上有天堂，下有蘇杭」的美譽。

◎周莊

始建於一〇八六年的古鎮周莊位於蘇州城東南，有「中國第一水鄉」的美譽，是江南六大古鎮之一。保護自身的古建築，維護原有的水鄉風貌，開闢成旅遊區，現在周莊所有的景點已經形成古鎮旅遊一票制。

TRATTORIA

03 義大利 水都威尼斯

・項目名稱／威尼斯及其潟湖（Venice and its Lagoon）
・登錄年代／一九八七年
・遺產種類／文化遺產

當地基本資料

國名	義大利共和國（Republic of Italy）
人口	約六千萬人
語言	義大利語。因觀光業發達，英語也相當普遍
氣候	威尼斯屬地中海型氣候。春、秋季節涼爽宜人，但日夜溫差大。夏季氣候乾熱，七到八月，氣溫可高達攝氏三十二度，冬季則濕冷多霧。九到十一月間，因雨季及氣候變遷，只要下雨幾乎都會有淹水的情況發生，需特別注意
簽證	免簽。但須預先備妥並隨身攜帶旅館訂房確認紀錄與付款證明、親友邀請函、旅遊行程表及回程機票、財力證明等資料。詳請可洽義大利經濟貿易文化推廣辦事處，網址：http://www.italy.org.tw
匯率	歐元（Euro），1歐元約合33台幣
時差	比台灣慢七小時。三月底至十月底因為實施日光節約時間，所以只比台灣慢六小時
交通	可搭乘航班至義大利首都羅馬。從羅馬可乘坐火車到威尼斯，或搭乘義大利國內班機前往。威尼斯禁止車輛進入，水上巴士船是在此旅遊最方便的交通工具

浪漫者的聖地

本就以浪漫多情著稱的義大利，每個城市都有鮮明的個性，而水都威尼斯更是以述說不完的歷史過往、美不勝收的藝術成就及風情萬種的水城景色，自眾多城市中脫穎而出，成為許多人此生必定要去的朝聖之地。

在國內外，許多餐廳、地產都打著威尼斯的名號，甚至發展出一種代表自由、隨意且獨立的威尼斯生活風格。這樣的風格許多人用一生追求，卻實際展現在威尼斯的歷史、建築與節慶裡，讓人心醉神迷，也成為世人心目中最浪漫的所在。

CONTINENTAL

／穿街走巷，盡覽水都風情／

世界上很少有城市像威尼斯一樣，可以這麼清楚感受到它的脈動，因為這是一座會呼吸的城市，就這麼建立在義大利東北部亞得里亞海的潟湖上，千百年來隨著宛如地球呼吸般的潮汐牽引變化運作著。它的歷史可以追溯到西元五世紀，據說是為了躲避亞洲遊牧民族入侵，而選擇將城市建在這片小島與沼澤地。一段美麗的歷史錯誤，形成今日的璀璨迷人風貌，如拜倫、歌德、雪萊等等的文人雅士都曾經來到這裡尋找靈感。

一百一十七條水道、一百一十八個小島、四百零一座橋梁……透過這些數字可以勾勒出威尼斯鮮明的水都形象，但是想要真正了解迴盪在水波氤氳間的獨特風情，必須腳踏這些冰冷的數字，待一步一腳印的走過後，便會化成澎湃的心情感受。一頭鑽進不知名巷道，慢慢踅步避開人潮，就算有迷路風險，也是屬於威尼斯的記憶。

離開巷弄，來到貫穿全城，長度約四公里的大運河邊，這條威尼斯的動脈，也是主要觀光路線，可以搭著公共汽船沿著運河兩岸觀看將近兩百棟的宮殿建築和七座教堂，你不見得全然了解，但時間淬煉出的歷史氛圍，還是讓這些老建築閃爍著昔日光輝。由於濱海的緣故，威尼斯在中世紀便是海上強霸，更與當時的中國、地中海各國有著密切的貿易往來，不僅累積大量的財富，富可敵國的威尼斯商人更是東西方文化的傳播者，造就獨樹一幟的威尼斯情調。

上圖：里亞托橋。
下圖：聖馬可廣場。

浮水的新月——貢多拉

大運河有公共汽船可搭，但在水道遍布的威尼斯，最重要也最具特色的交通工具當屬「貢多拉」（Gondola）。這種長十二公尺，寬一點七公尺，兩頭高翹像是天上新月的木製窄長平底船，特別適合在這裡的窄淺水道間穿梭自如，還能夠輕鬆會船，不至於造成交通阻塞。

早期的貢多拉主要以運貨為主，原本色彩鮮豔多樣，成為貴族們之間競相競爭的炫耀工具。一五六二年時，威尼斯政府為了避免這樣奢華的風氣繼續滋長，便下令禁止貢多拉漆成彩色，成為今日所見的統一黑色。如今每年的賽船節，所有貢多拉船夫都會一展操槳絕活，平時所見的輕舟慢蕩，紛紛為了爭取榮譽而成了水上飄。

曲折的河道上更橫跨著各式各樣的橋梁，包括了石橋、木橋、拱橋，姿態美感各有擅場，也

貢多拉停泊處。

各有傳說。橋連結了人與人之間的溝通，最著名巴洛克式的嘆息橋（Ponte dei Sospiri），架在總督府與監獄之間的河道上，是死囚赴刑場的必經之路，橋下過往的船夫常聽到橋上臨刑死囚的嘆息聲，因而得名。但據說戀人們當乘坐小舟從橋下通過時接吻，便能讓愛情歷久不渝。

橫跨水道的嘆息橋。

里亞托橋(Porte de Rialto)因為莎士比亞在劇作《威尼斯商人》中提及而聞名，橋兩邊的商店區，也是購買旅遊紀念品的好地方，已然成為象徵威尼斯的地標之一，許多明信片上都以它為主角。而每年一度的威尼斯電影節，除了保有世界上第一個國際電影節的榮耀外，現代與古意交錯，更為這座看似古老的城市注入了與世界接軌的新穎浪潮。

／傳奇的起點——聖馬可廣場／

被拿破崙稱作是「最華麗的廳堂」的聖馬可廣場（Piazza San Marco），是威尼斯的中心點，聖馬可是耶穌使徒，西元前六十七年在埃及殉難。西元八二八年，威尼斯人迎回遺體後，便建造了聖馬可大教堂，並將遺體存放在教堂的大祭壇下。而代表聖馬可的帶翼獅子，也成為城市象徵與守護神。馬可波羅當年也是從這裡出發到東方，展開傳奇的經歷。

廣場四周被建築重重包圍，融合東西方建築特色的聖馬可教堂盤據一方。其他三面，有許多商店、博物館可以閒晃。感覺上似乎所有逛完威尼斯的遊客都會聚集在這兒，因此終年人潮不斷。所有的旅遊書似乎也都會告訴你，在聖馬可廣場喝上一杯 Espresso 是來此地必做之事。其實大可不必人云亦云，光欣賞這片景色即已足夠。嗯！如果人能再少一點的話！

威尼斯的危機

在浪漫的背後，威尼斯也面臨重重危機。由於地球暖化造成海平面上升的情況愈來愈嚴重，威尼斯也是首當其衝的氣候難民，聖馬可廣場每年總不可避免的遭受海水上升淹沒之苦。其實潟湖沙地原本不適合蓋房子的，但威尼斯人將數百萬根長約七點五公尺的木樁打入鬆軟的沙地裡面，作為支撐建築物的地基，再於其上覆蓋沙土夯實，最後擺放石造地基，建造房屋。木樁由於排列緊密，空氣不會滲入氧化，且由於長期泡在水中，產生鈣化成為礦物質，就如同石頭般堅硬，如此維持數百年之久。

其實威尼斯也因遊客過多而產生一些光怪陸離的現象。不但遊客比住民多，遊客的不自愛與喧鬧，讓這裡成為旅人的天堂，卻是住民的地獄。不尊重他人的喧鬧、隨意便溺或亂竄的情形屢見不鮮，許多真正住在威尼斯的人紛紛舉家遷離。對遊客來說，房價物價居高不下，也不免有天堂蒙塵之嘆，當真是人怕出名豬怕肥！

威尼斯可容納的最大觀光客數量為每日三萬三千名旅客，而今日平均遊客數已達五萬九千人。觀光客無限制的湧入，水上交通量大增的結果，造成潟湖內的生態系統逐漸毀壞；加上船隻經過造成的波浪，經年累月的不斷衝撞建築基礎，使許多建築成為危樓。為了解決這些情形，有人提出限制觀光客人數，導向生態旅遊；義大利政府也投下鉅資進行「摩西計畫」：在威尼斯潟湖外圍一長串狹長島嶼的三個出海口處，建造巨大的自動水閘門，平時閘門灌滿海水，平躺在海床上，啟動的時候就打入空氣，讓閘門浮出水面，阻擋大浪進入威尼斯。

可想而知，這些措施都只能治標而無法治本。當世界遺產成為世界遺產之後，我覺得反而變成世界遺「慘」，前人千百年住在這都沒事，列為世界遺產短短幾十年間，我們所做的一切，非但沒有保護的功效，反而加速它的崩解。

／熱鬧非凡的面具嘉年華／

不過威尼斯就是威尼斯，叫大家不要來，反而大家更想來；尤其威尼斯有許多慶典活動，最著名的節慶，應該是無人不知、無人不曉的「面具嘉年華」。每年二至三月期間舉行的嘉年華會，使得本來應該是旅遊淡季的威尼斯，成為一年到頭都吸引人的強力磁鐵。一連十天的節日中，不管本地人或是外地觀光客，都會不免俗的戴上面具狂歡，在這每個人似乎都赤裸裸的呈現在網路上、生活壓力大到不行的現代社會中，戴上面具不免擁有一絲絲放縱的喜悅，得以享受掩蓋真實身分的匿名快感，或許能看到彼此平常難以窺見的一面。

相傳起源於西元一一六二年的面具嘉年華，乃是當時盛極一時的威尼斯邦國為了慶祝戰役勝利演變而來，當時為了打破階級觀念，所以每個人都戴上面具狂歡作樂。直到今日，面具節漸與化妝舞會結合，成為威尼斯人生活的一部分，也成了最吸引觀光客流連忘返的活動之一。

來到這邊不用擔心行頭不夠，只要人來付了錢，就有專人幫你打扮的光鮮亮麗，打扮好的面具客不管在哪裡都是目光的焦點，也隨時有人邀

你拍照，說也奇怪，每個人換上面具服裝，似乎也變成名模，姿勢怎麼擺都好看。最引我注意的倒不是珠光寶氣的仕女貴婦，也不是色彩繽紛的丑角，而是身罩黑色斗篷，戴著像是巨嘴鳥的面具。

原來，這是「鳥嘴醫生」，原本不是為慶典所設計，而是中世紀黑死病橫行歐洲，造成極大災情與恐慌，法國醫師洛梅（Charles de Lorme）便以頭頂戴著厚厚的黑帽，臉上戴著像巨嘴鳥般的白色面具，架著副眼鏡，鳥嘴裡塞滿藥草，手著白手套，身穿泡過蠟的亞麻或帆布衫，手持一木棍，用來掀開黑死病患的被單或衣物。他相信這樣的裝備可以保護自己免於黑死病感染，我反倒覺得像是死神，有點讓人不寒而慄，卻又寫實的呈現當年恐慌的氣氛。

善變的威尼斯

威尼斯在不同季節時造訪都有其特殊之處，每個人喜好的威尼斯面向也各自不同。就如也是威尼斯人的馬可波羅所說：「每當我想形容一座城市，我都會提到威尼斯。如果有人要反駁我，別忘了：言行一致不是威尼斯人心中高尚的美德！」

[注意事項]

- 威尼斯市區的物價頗高，停車位也不易找，所以也可住在離威尼斯附近的城市，搭乘火車進城是最好的方式。
- 義大利街頭的小酒吧，食物站著用和坐著用是不同價錢。
- 義大利城市都很古老，而景點更是集中在老市區，所以都以步行為主，要穿好走的鞋。

[周邊景點]

◎瀉湖群島

威尼斯瀉湖裡大大小小十幾個島嶼，各有各的特色，聖艾拉斯摩島（Sant'Erasmo）的農村小居、慕拉諾島（Murano）的玻璃工藝、布拉諾島（Burano）色彩繽紛的民居，同樣吸引無數訪客前來探訪。從威尼斯都有水上巴士可以抵達。

04

中國

新疆天山

- 項目名稱／新疆天山（Xinjiang Tianshan）
- 登錄年代／二〇一三年
- 遺產種類／文化遺產

當地基本資料

國名	中華人民共和國（People's Republic of China）
人口	約十三點六億人
語言	中文，在新疆地區有許多民族語言
氣候	新疆為大陸性氣候。氣溫變化大，日照時間長，降水量少，空氣乾燥。一般來說，冬季氣溫北疆高於南疆，夏季氣溫南疆高於北疆
簽證	持有效之台胞證即可
匯率	1人民幣約合5元新台幣
時差	與台灣無時差
交通	台灣有華航、南航直飛烏魯木齊，也可經由香港及大陸各主要城市前往

令人讚嘆的美好風光

在大陸有句順口溜是這麼說的：「到了東北，才知道個小；到了北京，才知道官小；到了上海，才知道錢少；到了海南，才知道身體不好；到了新疆，才知道中國有多美好。」很多人對於中國的印象，來自於悠久的歷史，但新疆的自然風光，從低於海平面的吐魯番窪地，到世界第二高峰喬戈里峰，多變的地形面貌，讓人每每讚嘆造物者的美感與慧眼。

新疆之母——天山

新疆以往被叫作西域，是古代絲路必經之道，是邊疆的邊疆，但在中國新的「一帶一路」戰略布局中，角色定位從邊疆荒地搖身變成亞洲的中心。所謂「一帶一路」，指的是絲路經濟帶及海上絲路，都是古代重要交通要道，而新疆正是絲路必經之路。

中文字非常有意思，新疆的歷史地理，光看「疆」這個字就能說明大半。首先看左半部，弓箭打下來的疆土，說明了這裡乃是歷代兵家必爭之地，也代表了與八國接壤，長達五千六百公里的邊境線；右邊三橫兩田說明了新疆的地理環境，最上面的一橫代表阿爾泰山，中間是天山，下面是崑崙山，上面的田為準噶爾盆地，下面的田為塔里木盆地。

有人說，去了新疆沒到天山，等於沒來新疆。

在山巔常見的敖包，最早是荒野的指標。

橫亙中部的天山，形成新疆的天然分界，天山以北稱為北疆，天山以南稱為南疆，氣候、景色、民族風貌各有不同。講到天山，常會令人聯想武俠小說描述的天山雪蓮，事實上還真有其物，至於是否有起死回生之效就值得存疑了。天山另一聯想是王母娘娘，在《西遊記》當中，孫悟空大鬧蟠桃會；在周朝的《穆天子傳》中，西王母設宴於瑤池，款待周穆王，彼此作歌相和。瑤池就是今日的天池，位於天山山脈東段最高峰——博格達峰的山腰處，是座因冰川活動所造成的高山冰磧湖，這些傳說故事增添了天池的神祕色彩。

天山有著新疆境內最高峰托木爾峰，海拔

七千四百三十五公尺；新疆三條大河：錫爾河、楚河和伊犁河也都發源於此山脈，因此天山早已成為新疆的代名詞，當地人稱為「母親之山」。它也是亞洲中部最大的一條山脈，還延伸至吉爾吉斯、烏茲別克、哈薩克等國。天山山脈生物及林相多樣性豐富，有終年不化的雪峰，也有森林、草甸草原、湖泊與峽谷。二〇一三年，天山山脈被列入世界自然遺產，範圍包括阿克蘇的托木爾、伊犁哈薩克自治州的喀拉峻、巴音郭楞蒙古自治州的巴音布魯克和昌吉回族自治州的博格達四個區域，都呈現了天山的純、淨、美。

高山積雪融解後形成的冰磧湖。

來新疆旅遊，長時間的車程是避免不了的。因為比台灣大四十六倍的土地，每天隨便都是幾百公里，但沿途的景色變化多端，是公路旅遊最好的實踐，而且機動性強的越野吉普車更比遊覽車來的好。像我從伊寧到昭蘇穿越天山的伊昭公路，這條跨越天山南北的山區公路，大客車就禁止通行，但沿途風景如畫，石灰岩質的白石峰始終未離開視線，隨著高度攀升，更將天山垂直多樣景色完整呈現，雖是山路，但眼睛一刻也不想閉，深怕錯過甚麼重要的片段。路邊不時出現石頭堆砌成的小塔，插柳為叢，立竿為柱，掛上各色布條，這是蒙古族的敖包，最早可能只是道路和境界的標誌，但蒙古族的傳統信仰是薩滿教，這種泛靈的思想使蒙古人相信神靈就居住在敖包中，因此經過敖包時，都會下馬祈禱，保佑一路平安，趨吉避凶。

烏孫故地・天馬西來

路過昭蘇，這是古代烏孫國故地，漢武帝第二次派張騫出使西域就是到烏孫，這裡盛產良馬，昭蘇馬身形矯健、輕快靈活、奔跑神速，烏孫國王曾送馬數十匹前往中原，漢武帝十分欣喜的賜名「天馬」，甚至還寫了天馬歌：「天馬徠兮從西極，經萬里兮歸有德；承靈威兮障外國，涉流沙兮四夷服。」更有成語「天馬行空」的典故源自於此。

草原印象

走伊昭公路的目的地是位於伊寧市特克斯縣境內南部天山之中的喀拉峻大草原。這是屬於典型的高山五花草甸天然大草原，海拔在兩千至三千六百公尺之間，雨水充沛，氣候涼爽，土質肥厚，十分適宜牧草的生長，生長有上百種禾本科、豆科、菊科優質牧草，是哈薩克牧民的夏季牧場。

對於草原的印象，當然來自於以前的教科書上：「天蒼蒼，野茫茫，風吹草低見牛羊。」牧民以此為家，世世代代過著逐水草而居的生活，不過中國大陸因為開發過度，人口過多，草原沙化的情形愈來愈嚴重，許多的限制讓牧民的生活也起了大變化。牧民英姿煥發騎著馬放牧的景觀逐漸轉為騎著野狼一二五，而就算碰上了騎著馬的牧民，也發現他竟然在馬背上滑手機，文明的入侵也讓許多的風景變調，不過這也是無法阻擋

喀拉峻草原。

的趨勢，畢竟每個人都有想過更好日子的權利。

草原上的日子看來浪漫豪放，但其實生存環境十分具挑戰，「通訊基本靠吼，治安基本靠狗，娛樂基本靠手」，幾句話道盡草原生活寫照。沿天山山脈向東行，又接到一條跨越天山的獨庫公路（北疆獨山子到南疆庫車），全長五百六十一公里，剛好位在中段的巴音布魯克，又是片隱身在天山山脈中的高山草原，是僅次於呼倫貝爾草原的中國第二大草原，海拔高度在一千五百到兩千五百公尺之間，面積有三分之二的台灣大。

巴音布魯克，蒙古語意思是「永不枯竭的甘泉」，有別於一路行來的險峻山勢，這裡的地勢舒暢平緩，視野遼闊，草原就像一張巨大的地毯，而點綴於上的織紋，不是成群的牛羊，就是夏季裡五彩繽紛的野花，蜿蜒其間的河流，在地毯上穿針引線，更是牧民及牲畜生命的泉源。

偌大草原上最著名的開都河是新疆大河之一，這條內陸河流入中國最大的內陸淡水湖：博斯騰湖。傍晚時分，所有的人都不約而同登上觀看開都河「九曲十八彎」美景的高台，屏氣凝神迎接美到窒息的夕照。據說這就是《西遊記》裡的流沙河，唐三藏就是在這裡收伏沙悟淨，共同踏上往西天取經的道路。也因為草原水源豐沛，所以這裡也是中國最大野生天鵝種群的天鵝保護區，春夏之際，天鵝遠從印度及非洲飛來，天氣變冷後才又飛回。

優雅的天鵝。

歷劫東歸的土爾扈特部

巴音布魯克和喀拉峻不一樣，這裡的牧民大多數為蒙古族土爾扈特部。明代末年，土爾扈特部與同為蒙古族的準噶爾部交惡，土爾扈特部在一六二八年西走到今日俄羅斯伏爾加河到烏拉爾河一帶建立汗國。在當時，俄國沙皇正與此地信仰伊斯蘭教的突厥－蒙古各個汗國作戰，信奉喇嘛教的吐爾扈特部正好助其一臂之力，爾後成為沙皇屬民。但沙皇後來卻令哥薩克人（東歐草原上以俄羅斯人、烏克蘭人為主的遊牧族群）東遷，侵占土爾扈特牧場，並強迫他們從藏傳佛教改信東正教。一七六一年，渥巴錫繼承汗位，正值好大喜功的葉克琳娜二世當權，與鄂圖曼土耳其戰爭不斷，土爾扈特戰士被徵調，死於戰場不計其數，因而產生東歸思潮。

乾隆三十六年（一七七一年），土爾扈特、和碩特等部共十七萬人，在東歸英雄渥巴錫的率領下，從俄國伏爾加河流域舉義東歸，歷經戰鬥、天候、疾病、飢餓的考驗，大概只有一半的人存活下來。清廷對歸來的蒙古民眾進行優渥撫待，並特賜水草肥美的巴音布魯克草原供他們世代遊牧。

生命流轉，一期一會

浩蕩的草原上除了牛羊外，牧民的日常生活也離不開草原。哈薩克族及蒙古族的家外表看來一樣，但一個叫氈房，一個叫蒙古包，都有組裝容易，拆卸搬運方便的特色。由於信仰的關係，哈薩克人多半信奉伊斯蘭教，蒙古人信奉藏傳佛教，伊斯蘭教講究清真，所以哈薩克氈房多以白色素面為主，整體形狀較橢圓；蒙古包上就比較多色彩與圖形的呈現，形狀也比較尖。

清晨陽光灑下金粉，蒙古包飄出幾縷炊煙，草原上牛羊馬都顯得神清氣爽，優游自在。這裡盛產著焉耆天山馬、巴音布魯克大尾羊、腳與頭都是黑色的奧巴羊、有「高原坦克」之稱的犛牛，成群結隊在牧民的鞭策下徐徐前進。但轉個頭一看，一群禿鷹圍繞在一隻死掉的羔羊旁不停打轉，準備大快朵頤一番，看到此景不用覺得悲傷，因為草原法則便是物競天擇，適者生存，生與死每天都在草原上不停重複上演。我們只是過客，一生一會，驚鴻一瞥，記得在草原上的遼闊，勿忘在草原上的豪情，想念在草原上的閒適，也就夠了！

穿越天山山脈的獨庫公路。

注意事項

- 「朝穿皮襖午穿紗，圍著火爐吃西瓜」，是新疆氣候典型的寫照。新疆氣候四季分明，全年晝夜溫差較大。不管在哪個季節前往，禦寒外套絕對必須攜帶。
- 新疆乾燥，紫外線照射較強，潤膚乳、防曬用品也是必帶品。
- 雖然與台灣無時差，但事實上已差兩個時區，所以夏季日落時間常是晚上十點之後，當地用餐時間也往後兩小時。
- 新疆多民族，且有許多穆斯林，記得尊重彼此生活習慣，避免談論有關「豬」的話題，以防引起誤會。
- 當地政治環境較封閉，所以盡量不要觸及政治上的話題。

周邊景點

◎伊犁

被天山三面環抱的伊犁被譽為「塞外江南」，這裡因為天山的雪水終年不絕，日照充分，氣候濕潤，晝夜溫差大，造就了沃野千里，物產富饒，成為中國薰衣草之鄉，每年六月是伊犁河谷的賞花季節。

◎烏魯木齊

烏魯木齊是新疆首府，也是出入新疆的門戶。天氣晴朗時可看見天山山脈東段最高峰博格達峰（五千四百四十五公尺）自然風光優美。市區可遊覽紅山公園、陝西大寺和汗騰格裡清真寺，更有民族風情濃郁的國際大巴札。

翻轉旅程——
不一樣的世界遺產之旅

作者 馬繼康
編輯 邱昌昊
校對 邱昌昊、黃馨慧
美術設計 王吟棣
發行人 程顯灝
總編輯 呂增娣
資深編輯 吳雅芳
編輯 藍匀廷、黃子瑜
蔡玟俞
美術主編 劉錦堂
美編 陳玟諭、林榆婷
行銷總監 呂增慧
資深行銷 吳孟蓉
行銷企劃 鄧愉霖
發行部 侯莉莉
財務部 許麗娟、陳美齡
印務 許丁財
出版者 四塊玉文創有限公司

總代理 三友圖書有限公司
地址 106台北市安和路二段二一三號四樓
電話 (02)2377-4155
傳真 (02)2377-4355
E-mail service@sanyau.com.tw
郵政劃撥 05844889 三友圖書有限公司

總經銷 大和書報圖書股份有限公司
地址 新北市新莊區五工五路二號
電話 (02)8990-2588
傳真 (02)2299-7900

製版 興旺彩色印刷製版有限公司
印刷 鴻海科技印刷股份有限公司

初版 二〇一六年一月
一版四刷 二〇二一年三月
定價 新台幣三七〇元
ISBN 978-986-5661-56-4(平裝)

國家圖書館出版品預行編目 (CIP) 資料

翻轉旅程：不一樣的世界遺產之旅 / 馬繼康著. -- 初版. -- 臺北市：四塊玉文創, 2016.01

面； 公分

ISBN 978-986-5661-56-4(平裝)

1. 旅遊 2. 文化遺產 3. 世界地理

719 104027345

SANYAU
http://www.ju-zi.com.tw
三友圖書
友直 友諒 友多聞